主　编　关晓光　房晓丹

学在海大

——优秀学习经验指南

大连海事大学出版社

图书在版编目(CIP)数据

学在海大：优秀学习经验指南 / 关晓光，房晓丹主编. — 大连：大连海事大学出版社，2021.1
ISBN 978-7-5632-4098-2

Ⅰ. ①学…　Ⅱ. ①关…　②房…　Ⅲ. ①大连海事大学—大学生—学习方法　Ⅳ. ①G642.46

中国版本图书馆 CIP 数据核字(2021)第 010060 号

大连海事大学出版社出版

地址：大连市凌海路1号　邮编：116026　电话：0411-84728394　传真：0411-84727996
http://press.dlmu.edu.cn　E-mail：dmupress@dlmu.edu.cn

大连金华光彩色印刷有限公司印装　　大连海事大学出版社发行

2021 年 1 月第 1 版　　2021 年 1 月第 1 次印刷
幅面尺寸：170 mm×240 mm　　印张：13
字数：203 千　　印数：1～2700 册

出版人：余锡荣

责任编辑：宋彩霞　　责任校对：陈青丽
封面设计：张爱妮　　版式设计：张爱妮

ISBN 978-7-5632-4098-2　　定价：39.00 元

《学在海大——优秀学习经验指南》
编 委 会

主　编：关晓光　房晓丹

副主编：龙喜栋　徐德江　吕海宁

编　委：吴　穷　陈　伟　谭　冰　强建中　李　浩
阎婧祎　王　焰　孙凯明　张　宁　张亚培
陈泽羽　王宏诗　李若诗

序 言

习近平同志指出:“一所高校的校风和学风,犹如阳光和空气决定万物生长一样,直接影响着学生学习成长。”学风是大学精神的集中体现,是高等学校的立校之本、发展之魂,是长期积淀形成的独有文化,体现着学校的办学思想和综合能力,也体现着学校学生的精神风貌。

一流的大学必然有一流的学风。培养和发展优良学风,是每一所不甘落后的学校始终追求的目标。尤其是近年来“全国教育大会”和“本科教育工作会议”的召开,标志着中国高等教育进入了新时代,中国教育“玩命的中学、快乐的大学”的状况开始扭转,“严格”二字越来越成为本科教育的突出要义。“黑发不知勤学早,白首方悔读书迟。”大学是人生的关键阶段,也是大部分人一生中最后一次有机会系统性地接受教育和建立知识体系、最后一次可以将大段完整时间用于学习的人生阶段,更是最后一次置身在相对宽容的理想环境学习成长。为学如为人,为人当志存高远,为学才能坚持不懈。本书选录了海大学子的优秀学习经验,按照课程学习、科技竞赛、考研保研、出国留学、专业技能等模块进行分篇,收录了详细、全面的经验介绍,为学生学习与发展提供参考。

大连海事大学自创办之初便肩负起“挽救航权,振兴国运”的历史使命,正学风、强校风,是海大始终不变的坚守。百十余载,一代又一代海大人为民族航权独立、国家航运复兴而倾注心血、鞠躬尽瘁。今天,全球20余万海大人,遍布政经管理、港航企业、科研创新、军队国防、人文社科等各个领域,为时代发展持续奋斗。希望新一代海大后浪能够牢记“学汇百川，德济四海”的海大校训，传承“坚定、严谨、勤奋、开拓”的海大精神，尚学、思学、勤学、乐学，在海大实现人生价值的增加，助力中华民族的伟大复兴。

编委会

2020 年 5 月

目　录

课程学习篇

科技竞赛篇

考研保研篇

出国留学篇

专业技能篇

课程学习篇

刘峻麟:高等数学

专业年级:物流工程 2018 级
课程名称:高等数学
课程成绩:100 分

一提起数学课,大家都会觉得再熟悉不过了,从小学一直到高中,它就是一门陪伴我们成长的学科。然而即使有着大学之前近 12 年的数学学习经历,我想仍会有很多同学和我一样,在初学大学数学时产生了很多困惑与疑问。对于理工科的大学生来说,高等数学(以下简称“高数”)是最基础的课程。不管是工科还是理科,专业性内容中都有很多公式和纯数学推导过程。公式是很多知识的载体,高数的出现为学生对公式的自行推导奠定了基础。如果在课堂学习之前,能把课本上的公式自行推导一遍,我相信你能轻松地记住公式,在推导过程中自然也就加深了对知识的理解。对于大学每一门理工课程,我都是这样做,因此几乎每一门理工课程都能得专业最高分。数学是工具,诺贝尔奖没有设置数学奖,但诺贝尔经济奖、物理奖的很多得主都是数学家。“工欲善其事,必先利其器”,这就是让学生在大一学习高数的原因。

我读大一的时候,也经常想该怎么学习高数,也曾向学长请教一些关于如何学好高数之类的问题。在这里我就把自己问到的、上网查到的结果并结合自己的经验教训,从学习心态、学习方法和学习资料三方面讲一点有关高数学习的方法,希望对各位学弟、学妹能有帮助。

一、在学习心态上,要做好打硬仗的准备

学习数学首先就要不怕挫折,有勇气面对遇到的困难,有毅力坚持继续学习,这一点在刚开始学习高数时尤为重要。我在学习的过程中,经常

会花好几个小时去思考一道题，在崩溃的边缘徘徊，但是同时，我又很享受这个过程，因为在思考中我收获了很多。我会用很多方法去尝试解决问题，这样会加深我对这些方法的理解，原来这个问题用这种方法解决会更快一点。而且，在解答了这个难题后，我会产生一种成就感。所以，不要有畏难心理，要迎难而上。

在中小学阶段，许多同学都比较喜欢学习数学，而且数学成绩也很优秀，这时会处于一种良性循环的状态，不会有太多的挫败感，因而也就不会太在意勇于面对挫折的重要性。而刚一进入大学，理论体系、教育方式的改变，会使我们在学习开始阶段遇到不小的麻烦，甚至会导致不理想的结果，这时就一定得坚持住，知难而进，继续跟随老师学习。

除了要坚持外，还要注意不要在某些问题的解答上花费过多的时间。因为大学数学理论十分严谨，教科书在讲解初步知识时，有时会不可避免地涉及一些以后才能学到的理论知识，因而在初步学习时就抓住这种问题不放是十分不适宜的。

此外，培养对学科的兴趣十分重要。这不仅仅是针对数学而言，大学中的许多科目都需要我们去培养兴趣。在学习一门学科之前，先对这一门学科加以了解。我会通过对这门学科的学习了解什么知识、可以解决什么问题，带着这样的想法进行学习，而不是一味地追求成绩，学起来会更轻松愉快。例如可以先了解高数学习过程中遇到的各种函数的图像，你会发现高数中的许多图像是十分优美的，可以使我们学习起来更有动力。

二、在学习方法上，坚持“预习—学习—复习”一条链

首先是预习。每堂课之前我都先提前看一遍课本，然后自行对定理进行理解与推导。课本的例题是知识点对应的典型题目，所以通过对例题的预习，可以帮助我们对知识点有更好的理解。听课，这是学习过程中比较重要的一步。很多人预习完了就认为掌握了内容，其实不然。预习可以让你很轻松地去听课，但并不能完全代替老师的讲解，因为自己的理解方式和老师的讲解方式总有不同的地方，或许自己理解的有偏差、较浅显，听老师的讲解是一个很重要的查漏补缺、加深印象的过程。大学课堂的容量是很大的，一节课几乎可以讲 10 页的课本，如果有一个很重要的知识点，恰好没预习，老师讲的时候又没有听懂，这时应该怎么办？很多人可能自然而然地就放弃了，其实有一个很简单的方法：不要急于去弄懂它，这样会耽误听课进度，直接把它当成已知的知识点记住，集中精力听接下来的课程，

课下再找老师解答。

其次是巩固。巩固是拉开成绩差距的关键。很多同学课上内容都可以听懂,但时间长了就忘了。巩固的方式很简单,即整理笔记和做题。记笔记也是一个很重要的过程,我推荐“康奈尔笔记法”,至于具体方法可以自行在网上搜索一下,比较容易上手。课堂上由于时间紧,笔记大多情况下比较散乱,在课后可以对笔记进行整理。我的整理方法一般是用不同颜色的笔对笔记的不同区域进行区分,将重点内容着重标出,这样笔记会更清晰,一目了然,在日后的复习过程中会省下很多时间。另外,还可以对笔记整理出思维导图,这样复习的时候也便于查找,推荐大家使用 Mindmaster 软件。

最后是复习。做题是最有效的复习方法。不同类型的习题一般会从多个层面就知识点进行考查,因而做题可以让我们对知识点有更深层次的理解和掌握。我一般是把书本上的课后习题做一遍,然后将错题整理成笔记,每周末抽出时间进行一下课程总结。一般我会把反复错的知识点整理到课本的第一页,在考试之前看一遍,提醒自己注意。

三、在学习资料上,广泛使用习题、慕课资源

向大家分享一本书——吉米多维奇的《高等数学习题集》,我在学习的过程中一直是借助于这本书进行复习的。这本书中不仅有课外的拓展和详细的讲解,还有针对各个知识点的许多很好的习题,可以方便我们从多个角度对知识点进行复习。此外,书中还有许多巧妙的解题方法,可以给我们很多灵感和启发。

除了这部书外,网络上也有众多高数的学习资源,这里我着重推荐中国大学慕课,这里面有很多高数精品课程,对知识点的讲解都很精练,还有课件可供我们参考。在我的学习过程中,慕课也给了我非常多的帮助,我的自学过程就是靠慕课来完成的。B 站上也有很多免费的高数课程,还有一些网友在视频播放的过程中以弹幕的形式对一些内容进行解答,因此在 B 站上观看高数相关视频也不失为一个提高数学成绩的好方法。

以上就是我学习高数的一些方法,它适用于大部分人。但如果你的目标并不是简单的不挂科,而是想在高数这门学科上面取得非常优异的成绩,那么你一定要有自学的能力。这是我在学习过程中总结出来的最重要的一条经验。还记得上第一节课的时候,我们老师和我们说过一句话,我到现在仍记忆深刻:老师只是一门学科的领路人,负责把你们领进这个门

里，至于你们能走多远，取决于你们的自学能力。

最后请大家享受学习高数的过程，其实很多人都能体会到学习数学的乐趣，比如为一道题苦思冥想了半天，忽然脑海里灵光一现，这时候浑身紧绷的肌肉一下子就放松了下来，心情舒畅，有心旷神怡之感。如果仅一味地将高数视为一门需要考过的学科，学习的时候就会很有压力。其实高数本身十分奇妙，大家可以多去探索它的美妙之处，学习起来就会轻松很多。

通往成功的路上没有捷径，只有坚持付出、坚持努力、坚持拼搏，之后，你才能取得自己想要的成果！

愿所有的努力都能被这个世界温柔以待！

愿所有付出的芽儿都能收获鲜艳的花朵！

所以，一起向前奋斗吧，同学们！

彭帅飞:高等数学

专业年级:土木工程 2019 级
课程名称:高等数学
课程成绩:100 分

我们当中的许多人应该都听父母、老师说过一句话:到了大学你就可以好好玩了。但是就算是在大学,玩也得有个度,毕竟我们还是学生,应该以学业为重,万万不可因为玩而荒废了学业。还记得刚开始学高数的时候,我也有点力不从心,碰到较难的地方就会发蒙,不知道该怎么学,也不知道该怎么运用那成堆的公式,但是又没有什么办法,只好反复地研究课本上的知识点。渐渐地,我才明白那些公式不是靠死记硬背就能使用的,只有真正明白了其中的原理,才能够灵活运用,解决难题。第一学期的高数,难度肯定是有的,特别是刚开始时会使我们感到很不适应。但其实,学好高数并没有那么难,只要自己不放松、不懈怠,就一定可以。

概念、定理永远是数学的灵魂。我在学习高数的过程中非常重视概念的理解、定理的推导、知识点间的联系。例如:极限的概念及其证明、导数与极限的关系、连续与可微的关系、函数极限连续、一元函数微分学、一元函数积分学、多元函数微分学、多元函数积分学、无穷级数、常微分方程。很多同学会说:“我也知道概念很重要,可我就是理解不了啊!”遇到这种情况的同学不在少数。我给的建议是:逐字逐句阅读。概念理解了,很多问题就迎刃而解了。在我最初接触高数的时候,因无法理解概念也很是郁闷,但没有其他办法,只能一字一句地解析,时间长了就理解了。要相信,功到自然成。

下面是我认为在高数的学习中非常重要的几点:

一、“吃透”课本

课本对于高数学习来说是十分重要的,我们做的试题有很多都是课本例题或其变形,只要花上一点点时间把课本好好看看,要拿下这些题便易如反掌;反之,要是对一些基本的概念、定理都含混不清,不但基础题会失分,难题更不可能做好。数学的逻辑性、分析性极强,可以说是一种纯理性的科学,要求学生的思维清晰明了,因而基础知识十分重要。

二、要学会总结

高数课本中的知识点繁多,如果不做归纳总结,更会觉得知识点乱。因此,每学完一章,自己要做总结。总结的内容包括一章中的基本概念,核心内容;本章解决了什么问题,是怎样解决的;依靠哪些重要理论和结论,解决问题的思路是什么。应理出条理,归纳出要点与核心内容以及自己对问题的理解和体会。最后是全课程的总结。这个总结很重要,是对全课程核心内容、重要理论与方法的综合整理。在总结的基础上,应对全书内容要有更深一层的了解,要对一些稍有难度的题加以分析和解决,以检验自己对全部内容的掌握。

三、善于归纳

在学习高数的过程中,若没有好的方法,那么学起来就会十分吃力。就拿函数与极限来说,老师在课上讲到的解题方法大概就有二十多种,夹逼准则、柯西定理等等,这些基本方法是我们在学习中必须掌握的。但是,函数的形式千变万化,这就需要我们在做题练习的过程中不断发现其规律,掌握其方法,这样才能在运用时游刃有余。

四、认真上课

注意老师的讲解方法和思路、分析问题和解决问题的过程,记好课堂笔记。听课是一个全身心投入的过程,需要听、记、思相结合。老师在有限的课堂教学时间中,只能讲思路、讲重点、讲难点。不要指望老师将所有知识都讲透,要学会自学,在自学中培养学习能力和创造能力,所以要努力克服对于教师和课堂的完全依赖心理。老师只能在课堂教学中把主要思路、重点与难点交代清楚,从而使你自学起来条理清楚,有的放矢。对于老师在课堂上讲的知识,最重要的是获得整体的认识,而不拘泥于每个细节是否听懂。学生在课堂上听课时,也应当把主要精力集中在教师的证明思路和对于难点的分析上。如果有某些细节没有听明白,先暂时放在一边,不要影响你继续听其他内容。只要掌握了主要思路,即使某些细节没有听清楚,也没有关系。我们完全能够在这个思路的引导下将全部细节补足,最后推出结论。应当在学习的各个环节中培养自己的主动精神和自学能力,这不仅是今天学习的需要,而且是培养创造能力的需要。在听课这个环节,我身边很多同学都反映老师上课节奏太快听不懂。其实正如我上面所说,大学是一个自学的过程,老师不可能把每一个知识点都讲到。

五、课前预习与课后复习

适当的预习是必要的,提前浏览一下将要学习的内容,能让你获得更好的理解。复习不应该是简简单单地跟着老师的思路走一遍,而是用自己的方式来理解所学的知识,这样复习才能产生一个更好的效果。

六、精做题目

可以说,只要你能把老师上课讲的所有的题和课本习题都弄会,通过考试是完全没有问题的。高数的学习虽不像高中的数学学习那样,需要做大量的课本之外的习题,但大家要注意,课本的题是有一定难度的。希望大家认真对待,遇到困难不要气馁,不懂就问。练习的最低限度就是做会课本例题、练习册,一定不能再少了。想拿高分的同学,一定要多做题。

七、学习时间

学习时间一定要充足,只靠考前突击学习,是没办法通过高数考试的,除非你是天才。强烈建议大家去自习室,养成晚自习的习惯,宿舍的学习氛围并不好。如果你就想在宿舍学习,那么你必须先把桌子收拾干净,这样可以很好地提高你的注意力。

通过学习高数,我们的思想逐渐成熟。高数为我们以后的学习奠定了基础,特别是理科方面的学习,所以说,在今后的学习中,可以充分地运用所学的数学知识,不断地完善自己。

数学的学习过程是把握数学精神的过程。数学的精神在于用数学的思维、方法、策略去思考问题。有些人在数学方面无论怎样练习,也始终难以找到感觉。这就需要我们在学习过程中,领悟数学思想、方法、策略的应用。在这个过程中,单凭老师的教学,学生很难达到理念的升华。当然,这并不是说老师的讲授没有作用,而是说学生的悟性很重要,将所理解的知识嵌入已有的知识结构中才能做到真正的理解和掌握。

其实,高等数学并不可怕,可怕的是你自己没有信心和勇气去学好它。其实,每一门学科都有其固有的规律和结构,以及与这些规律和结构相适应的思维方法。掌握好的学习方法,加上自己的聪明才智和刻苦努力,相信你一定能在高数的海洋里自由徜徉。

最后,希望大家能够找到适合自己的方法,取得优异的成绩!

王晨旭:线性代数

专业年级:交通运输 2018 级
课程名称:线性代数
课程成绩:99 分

线性代数在数学、物理学和技术学科中有各种重要的应用,因而它在各种代数分支中居首要地位。在计算机广泛应用的今天,计算机图形学、计算机辅助设计、密码学、虚拟现实等领域无不以线性代数为其理论和算法基础的一部分,因此多个专业开设线性代数作为专业课程。我在过去的一学期的线性代数的学习中,遇到过一些困难,也收获了一些经验,在这里浅谈一下自己的心得感悟。

一、学习方法

一开始接触线性代数,就会明显感觉到其不同于高数,线性代数带来的是新概念、新知识。在和新概念、新知识打交道时,研究的范围通常是 n 维空间,因此在理解和记忆时常常需要多花费一些功夫,理解记忆后仍会出现遗忘快等问题。因此课前预习;课上认真听讲,跟上老师的思路;课后做练习题巩固,对不懂的问题多问多想,这些是必不可少的。

课前预习。通过课前预习,我们能够对即将开始的课的内容有大致了解。由于线性代数课程完全是讲解新概念、新知识的特点,所以这一方法是非常有效果的。课前预习,变被动听课为主动听课,变盲目听课为带着目的、带着问题听课,对新知识点的记忆就会更深,对日后的复习思考也会起到重要作用。良好的课前预习,能够达到事半功倍的效果,形成良性循环。不仅是针对线性代数这门概念多、变形多的科目,对每一门科目来说,课前预习的作用都不可小觑。

家长和老师一直在强调课上认真听讲的重要性，而对于线性代数这门知识连续性非常强的科目来说，这一点更是重中之重。我在上课时，如果在课前没有温习一遍上节课的内容，就会明显感觉到上课听讲略显吃力，一边翻阅笔记回顾老师讲的知识点，一边接纳新知识，效果可想而知，是不好的。课后一个令我费解的问题可能就是老师上课时讲的一句话。课后用半个小时来思考一个问题，不如花两秒钟在课堂上认真听老师的讲解效果好。

我印象深刻的是线性代数的课后作业，我整整用了两个本子。线性代数课上总会留出一段时间布置作业。我们不要去抱怨作业的多少，要反观作业的效果。对一个概念的真正理解，需要用做习题来巩固，在做题中发现新问题，启发新思考。单单从听懂了到学会了的过程来说，是少不了做习题的环节的。当然在做题时，不能一味地为了做作业而做作业，要懂得归类和总结。面对这门复杂多变的课程，认真对待课后作业甚是关键。解题是培养数学思维能力的一个重要环节，是一种训练手段，反思是重要的思维活动。解题后思考是否有漏洞，错误的部分是否与题中隐含条件相抵触，是否混淆了概念，是否忽视了隐含条件，是否特殊代替一般，是否忽视特例，逻辑上是否有问题，运算是否正确，这对线性代数的学习是大有裨益的。找出错误的原因，扫除或纠正思维中的盲点和错误，能够让自己从错误中悟出道理，发展思维能力，提高分析能力。

观过认知，反思解题错误。线性代数的学习过程中必然会犯错误，出现错误我们通常会以为是粗心造成的。美国学者莫瑞指出，现代研究表明许多被认为是不小心造成的错误，事实上都是由于系统性的错误应用或者错误推广所导致的。现代认知科学中把程序性错误与因人的疏忽造成的错误明确加以区分，所以我们要认真地对待自己学习和做题中产生的错误。线性代数中常见的错误有概念不清导致的错误、性质不熟导致的错误、法则混淆导致的错误。如果没有准确把握住概念的内涵，也没有注意相关概念之间的区别与联系，就容易导致做题时出现错误。对每个定理性质或公式，应理解它的条件和结论，并通过做例题来掌握它们的用法，特别要分清充分必要条件、充分条件和必要条件，以免盲目使用产生错误。我们要明确自己的错误并加以改正。

在线性代数的复习过程中，我们要努力做到以下几点：归纳整理重点章节，记忆常用结论，特别注意逆矩阵、正交矩阵、相似矩阵、对称矩阵、合同矩阵和正定矩阵的概念和性质，掌握线性相关和线性无关的定义，判定掌握线性方程组，记忆一些常用结论，将知识分块理解，掌握核心方法。

二、重难点分析

要学好线性代数，首先，必须注重它的基本概念，掌握基本计算。其次，还必须在各个部分知识的内在联系上下功夫，提高分析综合能力。再次，对定理的条件、结论概念的理解要清晰，要注意推理论证时逻辑的正确性。具体的方法介绍如下：

（一）夯实根基，掌握基础知识

1. 基本概念——注重对基本概念的理解与把握

线性代数的概念很多，重要的有行列式、代数余子式、伴随矩阵、逆矩阵、初等变换与初等矩阵、正交变换与正交矩阵、秩、等价、线性组合、线性相关与线性无关、极大线性无关组基础解系与通解、解空间、特征值与特征向量、相似与相似对角化、二次型的标准化与规范型、正定、合同变换等。

学习线性代数的抽象概念，需要我们逐字逐句地慢读定义，结合课本中的说明及具体例子仔细琢磨，反复体会，弄清定义中的关键词语的作用。如线性相关定义中的不全为零，特征向量定义中的非零向量，正交矩阵定义的前提是实数方阵，正定矩阵定义的前提是实对称矩阵。线性代数的许多概念源自解析几何，学习时尽可能借助几何直观地理解抽象的概念。我们不仅要准确把握住概念的内涵，还要注意相关概念之间的区别与联系，如矩阵的等价、相似、合同三个概念都是用来研究矩阵之间的关系的，它们的定义是不同的。

2. 基本运算——熟练运用基本方法进行运算

对于线性代数中的运算法则应整理清楚，熟练运用基本方法进行运算。重要的有行列式的计算、求逆矩阵、求矩阵的秩、求方阵的逆、求向量组的秩与极大线性无关组、求基础解系、求非齐次线性方程组的通解、求特征值与特征向量等。

行列式的重点是利用性质熟练准确地计算出行列式的值，余子式和代数余子式是线性代数课程的重要概念，利用行列式按行按列展开定理计算行列式是基本方法和基本运算。初等变换在线性代数中具有重要地位，初等变换方法几乎贯穿全部课程，计算行列式、求矩阵的秩和矩阵的逆解、线性方程组讨论线性相关性等都要用到它。运用该方法要注意培养运算能力，认真细心是非常必要的。

(二)综合分析,知识系统体系化

线性代数主要研究了三种对象,即矩阵、方程组和向量,这三种对象不但在理论上是密切相关的,而且大部分问题在这三种理论中都有等价说法,因此熟练地从一种理论的叙述转移到另一种理论中去,是学习线性代数时应养成的一种重要习惯。

这是因为线性代数各知识点之间有着千丝万缕的联系,从内容上看纵横交错、前后联系紧密,环环相扣,相互渗透,因此解题方法灵活多变。复习整理时要注重串联衔接与转换,学习时应常问自己做得对不对,再问做得好不好,只有不断地归纳总结,努力搞清内在联系,使所学知识融会贯通,接口与切入点多了,思路自然就开阔了。

三、学习平台

课堂是最好的学习平台,良好的课堂学习方法是非常重要的。当然如果有疑惑,也可以在课下与老师和同学探讨。许多公众号平台也是学习时不错的选择,“高数叔”中相应线性代数的讲解可以作为课后提升的资源平台。

四、总结

线性代数考试中试题的形式千变万化,有各种延伸变式,但其知识结构却基本相同,题型也相对固定,一般都有相应的解题规律、基本概念、公式、结论等,也只有在反复练习中才能真正理解和巩固。我们只有多思多想,不断地总结,才能真正掌握矩阵理论,领会线性代数课程的实质,学好线性代数课程。同时要注重知识在生活中的应用,线性代数与实际生活息息相关,具有很强的实用性。在现实生活中一些比较难以解答的问题,倘若能将其转化为数学问题,用线性代数相关知识去解答这些问题,将会得到较简单的解决方法。

李劲谋:线性代数

专业年级:计算机科学与技术 2019 级
课程名称:线性代数
课程成绩:99 分

作为大连海事大学的新生,我们需要适应没有老师监管、自主学习的模式。对于我们来说,步入大学后,没有了高中时的压力,学校里更加丰富的课余生活,让我们可以不用像高三一样整天紧张地学习、复习和考试,而是有时间去做我们喜欢的事,我认为这是大学的魅力。但其实,学习在大学四年中还应该是最重要的事,因为它关乎我们的未来。我想借线性代数这门课程,简单分享一下自己学习这门课的一些想法和在大学第一学期的感受及体会。

想要学好这门课程,有以下几个重点:

一、课前预习

课前一定要看教科书,尤其是书上的黑体字,这些都是重点中的重点,类似这样的话我们应该在高中甚至初中就已经听说了。其实看与不看并不会妨碍你理解知识本身,但会影响你理解知识所花费的时间。有些人做好了预习,利用课上时间就能掌握需要掌握的知识;有些人课前没预习,课上也没听懂,那只能靠课下的时间去补。线性代数这门课有很多知识点都是我们之前没有接触过的、全新的概念,对此我们要着重注意。通过预习,我明确了解相关课程要讲的内容是什么,对于简单的知识点,就可以快速看过;而对于难以理解的知识点,就需要标记出来,等到上课的时候再重点去听老师的讲解。这样做能够在很大程度上提高学习的效率。

二、课上听课

听课时尽量坐在前排，不是说后排听课就效率低，但坐前排可以有更多和老师交流互动的机会，同时，这样也能防止自己打瞌睡，保持更专注的注意力。我个人觉得，在听课的时候在课上尽量不要做笔记，主要是跟着老师的节奏去听、去理解、去思考，因为思考的过程就会加深对知识的理解。老师课上讲的东西，肯定是学习、考试中的重点，如果过于专注做笔记，就会影响听课效率，而笔记留在课下总结时去做会更好些。

三、课下总结

线性代数这门课其实还好，不需要像高数那样做那么多笔记，但是整理重点是很有必要的，最好准备一个专门的总结本。平时，一周下来要回顾一下这周所讲的内容，如果老师讲完某一章后，就要做练习册上的习题。我建议在了解每一章并且在做完每一章练习册上的习题之后，再对某些重点内容做总结，而不是一节一节地去做。因为这样做会有些烦琐，而且可能会认识不全面。而学完一章下来对整个章节会有更系统全面的了解，并且能够通过做题，发现哪些知识点是考查的重点，哪些边缘知识点作业中出现次数较少甚至不出现，然后更有针对性地去做知识点与对应题目的总结，这样的话复习的思路会更清晰一些。

四、做题练习

线性代数练习册里的习题分为 A 组、B 组和 C 组，A 组和 B 组是肯定要掌握的，它们占了考试的绝大部分内容，C 组的题目中有很多内容考试不会涉及，但要重点关注一下第五章的 C 组习题，里面有期末考试考过的题型。

一定要按照教学内容的安排同步做题，不要一直拖，等到最后要考试的时候再一起补，原因大家都应该知道。如果你能力较强，最后补的话也许成绩上可能会看不出什么破绽，但根据记忆曲线，做完很快就会忘记。做题的时候要先自己思考，不要直接看答案，如果实在想不出来了再去查看答案中的解题思路。看的时候要思考自己是哪一步没想到，并总结出未掌握的知识点，最好对题目做下标记，下次在这类问题上多加留心。

五、重难点分析

学习线性代数这门课时，最难的就是概念多、定理多，这需要平时多花时间思考。其实题目计算量并不算大，基本都是百位以内的加减乘除，但我们也不能因此而轻视。正因为有一些特定的定理和运算方法，会导致结果出错。比如矩阵中计算代数余子式正负号问题，矩阵化简成行阶梯和行最简式的问题，再比如一些题目中判断的时候一定要严格按照定理的条件，“≥”和“>”是有区别的，做题时对这些细节要看仔细。同时，在学习的过程中的一些概念也可以和其他学科联系起来，比如线性方程组解的结构和高数里微分方程解的结构是相通的。这样联系着学，学习时会更轻松，记忆也会更牢固。

我个人认为最难理解的部分是矩阵的秩的性质。我记得刚开始学的时候特别懵，总感觉自己想不到该用什么方法解题，练习册上对应的题目有很多是不会做的，后来我查看书上对定理的描述，发现自己平时虽然不断地去做题，却对定理理解得还不够深刻。于是我利用时间翻阅书本，多加记忆与练习，并且试着总结出每道题要用到的定理有哪些，这些定理运用的标志和突破口是什么，这样再遇到相同的题型时就会知道如何作答了。

六、参考辅导

线性代数这门课程的难度并不大，用不用辅导书看个人情况，当然有一本参考辅导书肯定是有好处的，我用的辅导书是《线性代数辅导及习题精解》，但买参考书并不是为了一味地多去做题，而是要有选择性地去做。因为参考书中一定数量的题目属于考研级别的真题，难度有些偏大，而且其知识点中有很多在课堂上老师是没有作为重点去讲解的，这类题就尽量选择跳过，从而可以节约很多时间，剩下的那些难题可以在学有余力的时候练一练手。那具体如何去实施呢？具体来说就是先做练习册上的题，做完一遍之后圈出不会的题目，找出这道题能考到的知识点，弄懂之后再去找参考书中相同考点的题目，多练几道。这个找的过程就是锻炼自己识题的过程，这样反复几次后，对这类题型就会有更深刻的了解。期末考试试卷上的题型也基本都是练习册里的，在参考书上多练几道题，对提高成绩也会有一定的帮助。

七、期末复习

对于期末复习，我个人觉得要越早进行越好，我是提前三周左右开始复习的，这个时间点根据自己实际情况安排就好。复习的方式就是看书和做题。在复习的时候我按照自己每章归纳的知识点,逐一地去做自己之前总结好的对应的习题,题做完了,并且都会了,说明对这个知识点已掌握了。我在复习的时候尽量把所有练习册上的题和考查的知识点做到一一对应,这样看着清晰,复习起来方便。有时书上一章的内容看似很多,实际总结出来的知识点就那么几个,当逐个攻破后,就会对这章的内容有一个大的突破。拿打游戏来形容,每一个总结的知识点就是一个关卡,做题时一关一关去攻破,当这一章所有知识点的相关习题都做会了,那么就代表这章通关了。这既锻炼了自己的归纳总结能力,同时还能带给自己一点小小的成就感。最开始复习的时候,我对前半部分有的知识点遗忘了,复习起来花的时间比较长。但由于我准备得比较早,后面越复习越轻松,最后几天基本上就把精力放在其他科目上了。

线性代数有很多题不会解主要是因为概念不熟,所以要在复习时再看一遍书上的黑体字,尤其是一些定理和定律。切记,在复习的时候一定要做好计划,如复习的总体规划、一周的复习内容、当日的复习内容。只有做好计划,复习才会有目标,才不会三天打鱼,两天晒网。

这一个学期我对线性代数的学习,秘诀其实可以说就两个字——重复。这门课程有配套的练习册,并且期末考试的题型和练习册里的基本相似,这就等于已经划出了考试的范围,剩下的只需要我们去发现和总结。有这么好的资料我们一定要好好利用。要反复钻研练习册上的题,做到自己能说出来每章最常考的题型是什么,这样的话通过考试基本上就十拿九稳了。在此基础上,如果你对自己的复习方向还是有些不确定,那最好能找到往年的期末考试真题(最近三年的题最好),因为期末考试的题目和近几年的试题差不多。这种方式在一定程度上会让你复习时少走弯路。

不过最终我们还得回归学习知识本身。课程的知识也许在未来的工作和生活中不一定百分之百能用上,但学习这门课程的方法和思路则可以运用到很多其他的课程甚至于生活的其他方面中,如果能做到举一反三,就真的很厉害了。

还有一点,大一上学期的课程数量不算多,难度也不算大,所以我想给自己和大家一个小提醒,就是学会规划好时间。因为这个学期我感觉在时间利用和提高效率方面还有待提高。在课程增多、难度加大的情况下,怎样合理分配好每一科的时间,以最高的效率完成每一科的任务是我们未来几个学期需要解决的问题。

有时候我会停下来问自己:现在你没有了高考的压力,这么努力的意义是什么？其实这个问题我想每个人都可以问问自己，答案有很多：为了过上更好的生活，为了证明自己，为了我爱的人幸福，等等。我们先不谈论未来的生活，但就努力本身这件事来说，自己在不断进步，而一天比一天更优秀，这种自我价值的提升不就是一件很有意义的事吗？在这个世界上，不如意的事情有很多，我们一生中不如意的事情也一定会有，但当你未来某一天回想起这段青春时光，想起自己当时奋斗的样子，一定不会后悔自己当初的决定，一定不会辜负当时那个努力的自己。愿我们每一个人都能不负韶华，绽放青春的光彩。

郭陈滨:复变函数

专业年级:交通运输 2018 级
课程名称:复变函数
课程成绩:97 分

复变函数是交通运输专业同学大二学习的一门基础课。它是一门以复数作为自变量和因变量的函数的学科。复变函数对于电气自动化之类的学科有很大的用处,是一个很好的计算工具。因为复数是关于平面上的点和另一平面上的点的一个变换,复数能表示平移、旋转、镜射、伸缩,在几何和图形处理领域有着极为重要的应用。电磁波信号就是通过傅立叶变换和逆变换实现的,它们就是一对复变函数。以前通过网络了解的量子力学的最基本方程、薛定谔方程也都是由复数来建立的。量子力学的理论就是基于复变量的希尔伯特空间实现的。当然了,令人头大的流体力学和电工学中,复变函数也都有所涉及,比如说涡流问题就是复变函数的奇点理论,在电工学中用复数表示交流电会大大简便运算。

首先,我觉得想要学好一门课,不能过于功利。我深信为了分数而去学这门课是学不好的,也取得不了高分。我们学习这门课是为了学会知识,而不是为了考得好。当然我觉得当你学会之后,你就能考得好了,这主要是一个思想上的问题。对这门课的大致情况有了一定的了解后,学好这门课的信心就得到了初步的建立。

接着,就到了课程的学习过程,大学的学习跟中学阶段的学习有着很大的不同,比如流动的教室、流动的同学。接下来我分享的学习经验不是单单就复变函数的学习而言,对其他学科也具有一定的普适性。

大学里有一个较为宽松的环境,没有高中那种让人压抑的氛围,但大学的这种舒适自由的环境很容易引发我们懒散的惰性,我认为克服这种惰性的有效方法就是找到学习意志坚定且志同道合的小伙伴，当然最理想的情况就是你的小伙伴和你是一个宿舍或一个班级的，大家可以相互督促学习，值得庆幸的是，我所在的宿舍是一个十分优秀的集体，跟舍友相处的时候，我深深体会到那一句"比你优秀的人不可怕，可怕的是比你优秀的人还比你努力"的含义。他们在各个方面都十分优秀，所以在这种氛围下，我自然也不敢松懈。当然有的同学可能会提到，我的宿舍里的同学好像都不怎么爱学习，这怎么办呢？我觉得这种情况就要和同学沟通好，因为大家都是高考差不多分数来这所大学的，学习能力的差距并不大，可能是由于大学生活伊始，被某门学科成绩不如意打击而自暴自弃，或者只是对大学的生活还没有适应好，我相信大连海事大学的同学们都是向上的，只要你善于发现和沟通，一定能找到志同道合的学习伙伴。你们可以上课时约着一起坐在前排听课，课后约着一起去图书馆学习，相信在这种氛围下，学习过程中的苦闷将会大大减轻。

接下来要说的就是如何上课了，大学老师上课基本都是讲课速度飞快。一般刚开课时，有一段时间，学习任务并不是那么紧张，我都会在每节课之前预习好老师要讲的内容，遇到难点和重点做好标记，课堂上着重听，毕竟一堂课90分钟，我们很难保证90分钟全程都注意力集中。当然在讲解重点和难点时，老师也会做出相应的提示，我们要把握好。如果课堂上经过老师的讲解我还没有听懂重点和难点的话，我会反复阅读教材后去向身边同学请教。这里我建议大家多问几个人，因为对于同一个知识点，不同的人经常有不同的理解，在听完他们的讲解后，你可以取其精华、去其糟粕，跟他们讨论后形成自己的理解。课程后半部分，一般情况下你可能会感觉到课程内容紧凑，这主要是由于课程难度的增加和课程学习过程中的疲惫感造成的，当然有一部分同学也会由于前半部分学习不认真而产生焦虑不安的情绪。我对这种痛苦的经历也是深有体会的。我觉得这个时候不能慌张，制订好计划，要按部就班地往前学，跟着老师的节奏，完成老师布置的课后作业，不必要刻意追求掌握得全面细致，但一定不能掉队，你要相信量变达到一定程度之后就会产生质变，等课程快结束的某一天你就会茅塞顿开。这段时间我认为就是熬，熬到花开，就又是不一样的风景了。

下面就要说到期末复习阶段了，这个时候大家都比较认真，我建议至少要在期末考试前20天开始复习。复习前我一般会做以下工作，先去复印店看看有没有什么复习资料可购买，问上一届学长这一学科的考试重点、难点以及难度。通过这些准备，首先你会对这一门学科有一个大概的成绩预期,这样就不会因为目标过高而产生过大的压力。接着就开始复习了,首先我会梳理一遍知识点,然后整理到一张纸上,把自己不明白的知识点,去教材里面反复阅读或者去慕课平台里查看相应的视频,确保自己对知识点的理解正确,这个过程一般我都是在图书馆完成的。接着我就会直接做题了,像复变函数这类理工类学科一般都会有配套的练习册,反复刷练习册上的题就好。练习册一定要做与老师授课内容相配套的,我当时复习复变函数所用到的练习册是别的专业的,等于说做了两套作业,做两套肯定能加深对知识的理解,但同时耗费了太多的时间,现在感觉还是不值得的,这里我建议紧跟着老师的步伐走,不要想太多,部分内容选择性地参考其他专业同学科的作业,因为大家学习的难度可能不一样。

这里强烈建议一定要学好高等数学、线性代数和概率论。这些基础课必须要反复复盘,就拿复变函数来讲,里面涉及大量高等数学的知识,如高阶导数,包括解题都跟高等数学的思路很像,所以你大一学好基础课,对你大二、大三一些专业课的学习也会有很大的帮助。当然你也可以等到要用上的时候再去复习,也不会太难,只是上手快慢的问题。

在复变函数的学习过程中,我听的比较多的学习资料就是中国大学慕课中的西安交通大学吴慧卓老师主讲的复变函数与积分变换这门课,我当时挑了几个与重点、难点对应的视频观看,感觉受益匪浅,这里提一下,我觉得慕课里西安交通大学的数学学科慕课视频都挺不错,讲得很细致。我当时也还去图书馆借了一本与复变函数有关的图书阅读,我们海大图书馆四楼有着丰富的理工类学科的书籍,大家都可以借阅。当然我觉得在复变函数的学习过程中,也可以通过加深高等数学的学习来加深对两者的认识。这里提一下,复变函数中的重难点分别是解析函数、柯西-古萨定理、柯西积分公式、复变函数项级数和留数等。我们考试时有一道考试题是书本中的例题,我做错的应该就是那一道题,所以说这里给资料重要性排个序的话,应该是:老师布置的作业>教材上的例题和每章节的习题>学长的资料>网络平台资料。(纯属个人观点)

总之,我觉得经过以上的学习,即使你对学科的理解不是非常透彻,也可以做到基本掌握了,足够你在考试中取得理想的成绩。我高中成绩也不是特别好,高考时超常发挥考上了海大,然后凭借自己的努力转到了心仪的专业。这一路上遇到了很多优秀的人,这些优秀的人都有一个共同的特质,就是勤奋努力。我资质平平都能取得这样的成绩,那些既优秀又努力的人当然会收获灿烂的果实。当然在学习过程中,我们也要有自信心,不妄自菲薄。认清差距才能实现更好的超越，愿我们在知识的海洋里都能成为更好的自己。

最后送上一句我很喜欢的话“以大多数人之努力程度之低，根本轮不到去拼天赋”。我觉得只要你去努力，你就有自己的经验之道，学习路漫漫，唯有通过苦求索，你才能收获成功的果实。祝愿大家都能摸索出适合自己的学习方法，并且取得理想的成绩！

刘艺:概率论

专业年级:数学与应用数学 2018 级
课程名称:概率论基础
课程成绩:95 分

概率论基础这门课程,刚开始学的内容都是高中曾涉及的有关基本知识,所以一开始学会觉得很简单,只要课上认真听讲就足以理解各种概念,但是随着学习难度和深度的提高及层进,尤其是新概念和新公式的出现,单单靠课上听讲无法正确地理解这些内容,这时就需要及时的课下复习和多做习题,以加深理解。

对于做笔记,我自己没有专门做概率论基础笔记的本子,主要是在书上写笔记,因为我习惯于用课本复习。用课本复习的优点有很多,首先不用花大量时间将课本上已有的定理、证明等抄到笔记本上,而且例题也一目了然。然后是课上听讲部分,我认为课上听讲的效果是直接关系到你对这门课的理解程度(但也不排除少数同学能力强,自学成才的情况),有研究表明,上课时学生的注意力专注程度和效率要比课下自己学习时高出很多,所以如果课上能跟着老师把每个知识点搞懂,那么课下的复习就会轻松很多,只需做一些必要的习题即可。再就是考前复习,我会先把课本上所有的知识点、例题、课后习题都重新看一遍,确保没有知识漏洞,并且在理顺知识点和习题的时候把重难点标记出来,之后进行第二遍复习。第二遍复习我会只复习做过标记的地方,把这些重难点完完全全地理解透。有时间的同学可以做一个课程大纲,只列出每章的重要定理或公式,会让你对这门课有一个更清楚的认知。有的人可能经常在课前预习,我自己是没有课前预习的习惯的,但不得不承认课前预习会使课堂上的学习效率大大提高,有兴趣和毅力的同学可以尝试。

概率论这门课的重难点很多,而且容易弄混,下面我来介绍一下这门课的重难点以及分析:第一章最难理解的是全概率公式和逆概率公式,第二章和第三章主要是各种分布的函数公式容易搞混,第四章是求解期望、方差、联合分布、边际分布等,第五章的中心极限定理很难理解。重难点有难以理解和难以记住之分,比如第二章和第三章的各种分布(二项分布、泊松分布、均匀分布、指数分布、正态分布等)的函数公式以及对应的方差和期望的求解公式。毫无疑问这些分布函数是考试要考的内容并且不难理解,这就需要花时间牢牢地记住。

第一章的全概率公式和逆概率公式虽然不难理解,但真正的难点在于很多人能理解、能记住但是不会用。这就需要将对公式的理解和例题学习相结合,可以拿一个相关例题(即使不会做也没关系),对照着答案和公式一步步理解答案。一般老师出题时会参考课后习题和例题,只要弄懂了这些相关习题,考试时遇到的题目无非是相同的知识点换一个“壳子”。对于很难理解的知识点,比如中心极限定理,我建议把这些内容放到最后复习,当然你可以通过询问同学和老师将它较好地理解,如果实在理解不通,可以做一些习题,将解题模式记住,如果考试出同一种类型的题,也可以拿到一些分数。但切记考试的时候不要死磕这类题,这样会影响考试心态和最终成绩。

最后关于学习资料或者学习平台,我认为很有必要买一本课后习题讲解,因为课本上面的答案很多都是只有最终结果或者直接略过,而课后习题讲解的内容会很细致,甚至有一些相似例题。至于其他的衍生习题集没有必要买,因为做好课后的题目就已经能很好地巩固所学的知识,多做很多类似题只会费力不讨好。学习平台我推荐百度文库,里面有我前面提到的课后习题讲解的电子版,也有很多总结好的知识点,而且各种课程的相关内容里面都有,非常全面。

总的来说,概率论基础这门课是一门难度不小的课程,我提的建议都是基于我自身的情况而言的,如果有大家觉得适合的话可以尝试参考,如果觉得不合适一定不要完全照搬,但要记住学好一门课最重要的是主动学习。希望我的分享能给大家带来启发,祝愿你们能取得好成绩。

牟田宇:大学生计算机基础

专业年级:轮机工程(海上专业)2019 级
课程名称:大学生计算机基础
课程成绩:97 分

总结起来,大学生计算机基础这门课的难度相较于高等数学、工程制图等课程是要简单些的,但是想拿高分却并不容易。在第一学期的学习中我总结了一些学习方法和学习技巧,效果显著。

这门课程由理论和应用两部分组成,最终考试形式为开卷考试,理论和实验等相关内容都能在教材上找到,但是考试时考点较多,我们并没有那么多时间翻阅教材,所以这门课在很大程度上是考核操作熟练度和对软件的熟知程度。最终的考试分为三部分:英文打字、计算机理论以及 Office 应用。上机操作由电脑系统评判,要求操作具有一定的严谨性。总的来讲对这三个部分而言,考查的知识点是固定的,大同小异,且一通百通。下面我将逐一分析这三部分的重难点,并分享我的学习心得。

计算机理论在最终的考试中占 20 分,分值不高,但其实它是最能拉开成绩的部分。计算机基础在期末考试中是开卷形式,但这并不意味着理论的分数就能被轻易拿到。计算机理论课内容较多,涉及范围广,知识点零碎,并且在某些同学眼里很枯燥,很难学进去。很多同学课上听不进去,不熟悉书本,最终考试时候翻书也找不到答案。我的经验是课上一定要跟紧老师,在书上勾画知识点,熟悉每一章的内容,做好记录。掌握好方法,考试时候会有几道关于进制转换方面的计算题,其实进制转换本身方法很简单,只要多练习几次,在做题时就能得心应手。

此外,我还做了学校打印店出售的计算机二级理论练习题,觉得很有用,加深了对知识点的印象,也扩充了知识面。想取得优秀成绩的同学,计算机理论部分一定要拿高分。

英文打字相较于其他两部分是很简单的,按老师的话说是白送分的。但就我观察其实不然,现在很多同学英文打字能力并不强,很少有同学未经过练习在这部分就能得满分。对此我的建议就是下载金山打字软件,最好从基础指法开始练习,熟悉键位和大小写切换,最好做到盲打。我用了这个软件以后感觉提升速度很快,从一开始的打不完,到最后全部打完并且打对,还能剩下三四十秒。其实每天练习打字只需几分钟,不要在不该丢分的地方丢分。此外,考试时不建议一上来就打字,容易因为紧张而手指僵硬,频频出错,甚至会影响后续答题。

不必多说,Office 应用是考试的重中之重,也是难度最大的部分,想必也是大家最关心的点。要将难度再细分的话,我认为 Excel 难度较高,Word 次之,Powerpoint 算是比较简单的。

Excel 的主要考点有字体设置、表格设置、数据透视表的制作、图表的制作与插入、函数的使用、公式的使用、快捷键的使用、数据整合与统计等。难点也较多,比如函数部分,需要同学们熟知每个函数的功能。什么题目该用什么函数,怎么去用,什么函数格式,都要熟记于心,并且看清题目要求,什么时候用公式,什么时候用函数,用错了方法即使计算结果对了,最后也会被扣分,因为系统检测不到你的步骤。做图表时要按要求做,做到跟标准模板一模一样才不会被扣分,图例、图表样式、数据显示等都要注意到。数据透视表很多同学之前并未接触过,比较陌生,据我了解也是失分最多的点,步骤稍有错误就会导致和模板不同。考试时一旦做错,又不知该如何更改,只能重做,浪费时间且影响心态。对于这类题目,一定按照老师讲解的步骤一步一步来做。总之,Excel 部分尽量拿到分数,看清题干要求,其实这部分最后想达到万无一失是有些难度的,但也并不是不可能。掌握好老师上课讲的方法,具体问题具体分析就好。

Word 的考点有字体设置、段落、页面布局、艺术字、页眉和页脚的编辑、特殊符号的插入、图片插入与编辑、超链接的插入,还有表格制作等。很多考查内容都是基础知识,都是常用的,也是不该丢分的,需要的是仔细、认真。也有一些不熟悉的隐藏功能,但也只是功能寻找问题,操作难度不大。

Powerpoint 是最简单的一部分,考点主要是 PPT 版式设计,字体、图片插入,Powerpoint 超链接,动画放映方式。Powerpoint 软件本身就比较简洁,考得又不难,很快就能做完,稍加练习即可。Powerpoint 这一部分要争取满分。

Excel、Word 和 Powerpoint 三者之间其实共通之处很多，因为说到底，这里考查的是软件功能的掌握和应用，而这三个软件都是同一个开发团队开发的同一版本的软件，界面布局、功能安排其实都有开发人自己的习惯在里面，只要对这种排版方式有了一定感觉，做题的时候就能更得心应手一些。

Office 在生活中也是常用的软件，很多功能大家都很熟悉并且觉得简单，但我们这门课程要求掌握 Office 的程度是比我们已经掌握的程度更深，要求我们掌握许多我们之前没接触过的操作和功能。其实上课老师也就是带领同学在菜单中寻找这些功能，熟悉路径，所以必须跟紧老师做好每一个实验。上课时若老师讲得较快没跟上，可以课下对照教材，这些实验都是出自教材，但决不能想着到考试时翻书寻找实验步骤，因为是没有时间的。考试时时间较紧，考核的就是操作的熟练度。关于 Office 的复习，我没有用到额外的资料或者软件。我认为课上跟紧老师熟悉操作，认真完成老师留的课后作业，再将每一次上课的实验拷贝下来，考前再过一遍，基本就不成问题了。这部分分值占比最大，也就是决定及格与否的部分，难度并不大，但需要投入精力练习和熟悉。

我也明白，很多同学的问题在于课程繁多，时间安排不过来。有些东西上课没记下来想要课后补上，但课后又有其他的任务，或者其他学科似乎更难、绩点更多，便就把时间花在了其他学科，还没等到把这节课的漏洞补上，下一节计算机课已经来了，这样积累下来的缺漏之处只能等最后复习时补上。说了这么多，其实最后的结论还是那句话，抓紧课堂时间，提高在课堂上的学习效率。上课时会讲许多 Office 上机实验，做笔记的时候大家一定要把做过哪些实验或者老师提到过哪些实验都记住，然后用流程图的方法记下操作过程，或者干脆只记住一些自己不知道的以及关键的一些操作步骤。

当然上课效率要看个人，每个人都有自己的上课状态，况且就算每次都尽量认真听讲，我们也总会有走神的时候，会有漏掉的知识点，而当考试的时候就有可能遇到没见过或是记不清的操作。这个时候不能慌，需要你能够“找”，因为考题中出现的关键字都是和软件中的功能用语是一样的，因此只要你能在临场时找到那项功能，Office 简单易懂的操作界面其实根本就不需要别人来教你。

此外，要多熟悉考试系统的评判标准，摸透系统的“脾气”。学校机房的电脑里都会有考试端,会有一些往届的考试题,一定要多做一下这些考试题,并且在答题结束后该软件会有每道题的评分细则,仔细阅读评分细则,以后就能避免犯下很多自己难以发现的小错误。

计算机基础这门课程,并不像高等数学那样需要逻辑思维,相对而言比较简单,只要复习到位了,考试及格肯定没问题。但这门课考点分散,及格容易,得高分不易。这也造成了这门课的普遍状况:及格率很高,但高分往往并不多。对于那些需要高分、需要绩点的人来说应注意以下两个方面:首先,理论这一部分是必须要重视的,要多看看课本,尤其是考试的前几天,一定要把书看透。其次,容易造成额外扣分的地方就是后面的操作题,你本以为自己做得很完美,但却有一些微小的漏洞导致扣分。要是能对这两个方面多加注意,考高分其实并不难。

李鹏翔:C 语言

专业年级:地理信息科学 2018 级
课程名称:计算机程序设计基础(C 语言)
课程成绩:97 分

大一在学习 C 语言时,老师是这样讲编程思维的:

我们在思考问题时,要记住计算机的特点,从计算机的角度去考虑问题。当然作为初学者,习惯了从编程者的角度来思考问题,转变思想需要一个过程,我们可以先按照人的逻辑解决好问题,然后做类比,假如你是计算机,你该怎么处理问题。当你学会了从计算机的角度思考问题,并能够正确地用 C 语言的语法表述出来你的思路(算法)时,你就真正地对 C 语言入门了。

C 语言是面向过程的,而 C++是面向对象的。C 语言和 C++的区别是:

C 语言是一个结构化语言,它的重点在于算法和数据结构。用 C 语言设计程序,首要考虑的是如何通过一个过程,对输入(或环境条件)进行运算处理得到输出,或实现过程(事务)控制。

C++首要考虑的是如何构造一个对象模型,让这个模型能够契合与之对应的问题域,这样就可以通过获取对象的状态信息得到输出或实现过程(事务)控制。所以 C 语言与 C++的最大区别在于它们用于解决问题的思想方法不一样。之所以说 C++比 C 语言更先进,是因为"设计这个概念已经被融入 C++之中"。而就语言本身而言,在 C 语言中更多的是算法的概念。那么是不是 C 语言就不重要了?错!算法是程序设计的基础,好的设计如果没有好的算法,一样不行。而且,"C 语言加上好的设计"也能写出非常好的程序。

很多同学学习 C 语言,上来就背语法,甚至连各种高深的算法都是死背出来的。大学里流行考计算机二级 C 语言证书,为了考过,手抄资料者有之,背全书者有之,终于可怜又可悲地拿到了证书。可这样学过之后,把许多C语言语法记住了,但是却学不会如何编写程序、处理问题。真正运用C语言编写程序处理问题时,脑子里却空空如也。掌握学习方法很重要。如果你觉得很难,那是因为你缺少一个好的方法。学习C语言也离不开记忆语法,但是死记的话,肯定不行。

C语言无非也就是一种工具,用它来表达我们的思路,让计算机帮我们思考,写程序的过程就是告诉计算机该怎么做的过程。很多人遇到问题时,自己都没有思路,更别提用C语言写程序了。在遇到问题的时候不要满脑子去想怎么用C语言处理这个问题,记住:程序 = 数据结构 + 算法,把思路转变到对数据的组织和对算法的思考上来。

数据结构归根结底就是一些数据的组织形式,而数据在C语言里都有各自的类型,各种复杂的数据结构也都是从最基本数据类型组织起来的,所以学习C语言,首先要记住C语言里可用的数据类型都有哪些,掌握每种数据类型的定义和使用规则。任何一种计算机编程语言,最根本的都是对数据的操作。每种语言都有不完全相同的数据组成形式,很多时候,对于同样一个问题,你可以构建不同的数据结构对它进行处理。初学者,不必太深究要把数据做成什么类型才可以写出漂亮的程序,只需要记住需要什么样的数据。

学习C语言,要学习算法。算法的好坏直接影响了程序的好坏。有人建议学习用C语言编程的时候多看别人的程序示例,研究别人是如何处理问题的。说得不错,这是必不可少的,但是不要总是去看,也要自己多思考。这里的思考不是让你思考如何处理某个问题,而是要思考如何教会计算机帮你解决这个问题。我们写出来的程序毕竟是通过计算机来运行的,所以必须从计算机的特点来思考才可以。

计算机在处理问题时有自己的特点:

(1)计算机在问题的处理方式上要求全,将所有的可能都告诉它。人可以根据习惯忽略一些东西,但计算机不行。计算机没有像人一样的智能处理能力,它是忠实的执行者,不管你怎么想,它都会执行你的命令。很多时候,是由于你的习惯导致一些错误,致使计算机无所适从,报错甚至崩溃,造成你的程序运行不成功。

(2)计算机要求程序的描述精确,无二义性。人的语言有很强的随机性和二义性。我们有时说话的逻辑性不强,所说的话既可以表达这样的意思,也可以表达那样的意思。这时人可以根据环境和对方想表达的含义进行分析，最终得到正确的结果，但是计算机思维单一，虽然它很听话，但是它不能理解你表达的思想，只会按你交给的指令执行，若收到的指令不精确则会导致执行时出错和报警。

（3）计算机编程要求有很强的全局性和逻辑性，不存在起伏的问题。人的思维有很强的活跃期和蛰伏期，计算机不会，它随时待命。所以我们在思考问题时，要记住计算机的特点，从计算机的角度去考虑问题。

简单来说：

（1）多写代码，不要光说不练。

（2）勤加思考，不要囫囵吞枣。

（3）初期多试试代码的文字游戏，看看不规范的代码会产生什么样的输出结果，有助于你理解计算机原理。

（4）利用 bilibili、CSDN、华文慕课等网课、博客资源，互联网是学习编程语言最好的场所。

（5）把你觉得很抽象、难以理解的东西放到软件里面进行调试，会有很多发现。我以前电脑里就经常会有一个名字叫 Test 的工程文件夹，哪里有疑惑了，就把代码放进去，进行 Debug，全部的疑问也就解开了。

如我前面所述，C 语言学习主要是以语法入门。再具体一些来说，包括以下阶段：

（1）学习基础语法。

（2）学习简单的少数几个 C 语言自带的函数。

（3）学习一些程序设计的基础知识（数据结构、算法）。

（4）学习更多更强大的 C 语言自带的函数。

（5）学习一些特定应用领域的基本理论知识（操作系统、数据库、网络、图像等）。

应用上一阶段学习到的知识进一步学习其他人提供的函数库（网络处理、操作系统管理、图像、密码学等）。

另外，给大家推荐两本书，一本是《明解 C 语言》，这本书适合入门或复习的书，内容精简而且语言不啰唆，例题也不错，书上的代码适合跟着练习一遍。另一本是《C 语言趣味编程 100 例》，作者是贾蓓。这本书是在图书馆发现的，前几章写得不错。如果不理解一些 C 语言的经典例题，可以看看这本书的算法分析，很多经典例题和常用代码都包含在里面。同时，这本书最适合期末复习的时候看，大部分考试题目都可以在这本书里找到类似的代码。

姚东升:大学物理

专业年级:交通运输 2018 级
课程名称:大学物理(C-1)
课程成绩:94 分

早在高中阶段,我便对物理产生了浓厚的兴趣,每次下雨的时候我都会想,为什么没有一个物理学家通过计算得出雨伞的最佳撑法?通过查资料探究,我发现雨伞的最佳撑法是使伞面尽量与雨滴的运动方向垂直。这样,用雨的横向速度减去(矢量减)人运动的横向速度就会得到雨相对于人的横向速度。用这个横向速度比上雨滴垂直下落的速度,得到雨滴与地面夹角的余切值。套一下反余切函数得到夹角。伞把向着雨势方向倾斜,这个夹角就是倾斜的伞把和地面的夹角。

从牛顿力学的低速运动,再到令安培、高斯、毕奥、萨法尔、法拉第、麦克斯韦等人沉迷的电磁现象,无不吸引着我。通过平常建立的物理体系,我在答理综试题时,十分自信地选择物理作为第一科。我认为高中物理的概念对于大学物理是有帮助的,而且自己高中建立起来的物理体系,再加上高数的微积分知识,让我对大学物理的学习也是如鱼得水。大学物理的内容不只是中学内容的重复或简单的扩展,而是在概念上深化、理论上提高,是一种螺旋式上升,有许多新概念出现。既学习质点的运动,又研究多粒子体系。用爱因斯坦相对论的时空观代替了牛顿的绝对时空观,用量子理论取代了能量连续的看法。从宏观到微观,从低速到高速,从经典到近代,大学物理的内容把同学们带向一个又一个美妙而又神奇的物质世界。对于这些新概念、新内容,从一开始就要给予充分的理解和足够的重视。学习过程,实际上就是智慧能力的开发过程。问题要一个一个地解决,知识要一点一点地积累。不要等问题成了堆,然后望之兴叹:物理难懂难学也！所以下面我将谈谈我是如何建立物理体系的，以及大学阶段如何学习物理。

一、建立物理的基本逻辑体系

“物理是一条闪光的思想的河流，每一熠熠生辉之处都凝聚着科学家们智慧的结晶。”在物理课堂上，学生经常会听老师讲到物理学家的个人事迹，特别是他们在实验事实中或实验结果中表现出来的怀疑精神、批判精神。

在建立体系之前，我们可以对大学物理的每一章进行简单了解。每一个知识点的背后都曾经过物理学家很长时间的思索，这其中凝聚着他们的无数心血。在不考虑相对论的影响和微观量子领域，我将力学与电磁学的中心定义为力，这个力你可以理解为任何一种力，包括万有引力、电磁场力，由它引出的第一个分支为力对质量的导数为加速度，加速度对于时间的积累为速度，速度对于时间的积累为距离，可以理解为运动体系；第二个分支为力对时间的积累为冲量，力对距离的积累为功，然后将两个分支联系起来，加上矢量分解与合成作用，你将得到庞大的动力学体系。在此基础上，穿插微积分、刚体知识、守恒定律、场强、电通量、磁通量等概念，基本的做题思路都始终围绕这个基本体系去运转。

二、力、电、磁学简单回顾

力学首先介绍什么是刚体以及刚体的平动与定轴转动，并介绍质点系和连续体的转动惯量，引入力矩、动量矩、功、功率、能、动量、冲量、惯性力等物理量。在此，我们需要掌握运动学公式，刚体转动基本公式，会求常用刚体的转动惯量，针对物体平动与转动使用牛顿第二定律与刚体转动定律。动量矩定理与平行轴定理是应用较多的定理。

电学的基本定律是库仑定律，求电荷线密度、电荷面密度、电荷体密度是要求掌握的内容；接下来最重要的是高斯定理和场强公式，注意微积分的应用尤为关键；之后是环路定理与静电力做功计算，电势的几种情况需要背下来。

磁学首先引入毕奥-萨法尔定律、磁场中的高斯定理，应用最多的是安培环路定理，并要记住多种情况的磁感应强度公式。

了解基础知识后，我们可以把新概念类比到我们已经建立好的体系“大厦”，做到每个概念都有对应的位置，找寻内部的联系，新概念也是基础知识概念的延伸罢了。

三、学习方式

要培养使用高等数学知识来思考、处理物理问题的能力。如果硬要把中学物理和大学物理做个比较的话，我要说，中学主要解决“恒”的问题，如物体在恒力作用下的运动、恒力的功等；大学主要处理“变”的问题，如变力的冲量、变力的功等。从数学的角度来说，中学物理是用初等数学解题，而大学物理则倾向于用高等数学解题。

不少学生不太适应这种变化，思维还停留在原来的认识水平上。他们只习惯于把中学的思维、中学的方法生搬硬套到新的物理学习中来，却不善于变换认识问题的角度，不善于改变解决问题的方式。不少同学只会用初等数学来处理问题，往往不能正确地用高等数学特别是微积分来表达和分析物理问题。同学们把矢量当标量、把变量当常量、把积分运算用代数运算来代替的情况很多。尽管老师反复强调，但仍有不少同学按原来的思路去分析、处理问题，这是思维定式的消极影响给物理学习带来了障碍。

数学不仅是一种计算工具，更是对物理现象进行抽象、概括的表现手段。在大学物理中，许多概念和规律都是用高等数学的形式表达出来的。用高等数学来理解和处理问题是大学物理给同学们提出的一个新课题和新要求。同学们一定要多加练习、用心揣摩，尽快进入角色中来。

如果同学们对这个问题不给予足够的重视，不尽快予以突破并获得一定自由度的话，高等数学的应用将成为大学物理学习道路上的一个最大的障碍。

对课本上的公式总结可以帮助我们加深记忆，理解物理体系，公式的推导也是十分严谨的，要花上一些时间复习课本上的内容，拿下概念题便易如反掌；反之，若是对一些基本的概念、定理都含混不清，不但基础题会失分，难题也不可能做得好。物理的逻辑性、分析性极强，可以说是一种纯理性的科学，要求思维清晰明了，因而基础知识十分重要。

记笔记是个好习惯，我认为物理笔记应该注重知识点和题型类型分类的梳理。先全面地梳理知识点，再分题型去验证和套用知识点来不断总结涉及的题型分类。多做练习题，把母题和最具代表性的题目记到笔记中，并把详细的解题步骤记全，方便以后复习。

多与同学讨论，针对问题，交流心得，但不要不会就直接问，一定要有自己探究的过程，在探究的基础上，弥补自己的不足，找到自己知识体系薄弱的地方，然后加强。

对于习题集中题目的掌握，是大学物理学习的重中之重。习题集上的练习题是十分经典的，我们可以通过做习题集中的题目帮助我们建立知识体系，做到以不变应万变。考试的题目也基本是习题集题目的变形，如果对物理体系理解不深，那么做习题集是不二之选。做到解每道题时有理可依、有章可循。

最后介绍一下我的解体思路，在建立起体系“大厦”后，我会针对不同题型，整理出解题方案，即类似于程序化的过程，第一步做什么，第二步做什么，以便在考试时达到较高的解题流畅度。

四、学习平台

课堂永远是第一选择，认真听讲真的很重要。着重理解老师的讲解方法和思路，即老师分析问题和解决问题的过程，记好课堂笔记。听课是一个全身心投入，听、记、思相结合的过程。学校图书馆有十分丰富的阅读资料，学生门户的电子图书馆可以访问知网等平台，查询知名学者的研究文献。另外，网上还有许多的课程平台，如慕课、智慧树，在这些平台，我们能看到别的学校的课程，感受不同的老师的讲课风格。另外我十分推荐参考百度文库的大学物理典型题，把这些题目掌握了，再做习题集将会得心应手。

每一门学科都有其固有的规律和结构，以及与这些规律和结构相适应的思维方法，物理学是自然科学的基础，主要研究物质的基本结构、基本运动形式以及相互作用规律，是人类在探索自然的过程中逐步发展起来的。物理学的每一次重大发现和突破都影响着人类的生活和科技的发展。我相信兴趣是最好的老师，让我们一起来体会构建学科体系带来的快乐吧。

左宸昊:理论力学

专业年级:机械设计制造及其自动化 2017 级
课程名称:理论力学
课程成绩:99 分

理论力学是研究物体机械运动的基本规律的学科,是力学各分支学科的基础。理论力学是一门理论性较强的基础课,并且还是很多专业课程的基础。材料力学、工程流体力学、机械设计、机械原理等课程都需要扎实的理论力学基础才能够更好地理解课程内容。因此,工程学科的学生熟练掌握并使用理论力学的知识是必要的。

理论力学作为一门专业基础学科,要想学好它就要先认识、明白理论力学的大体讲课思路,知道所要学习的主要内容,然后经过每次课程的学习再把学习到的细小的知识点添加到自己的理论力学的大体骨架之中。这样,才能知道每节课所学内容的作用,而不仅仅是学习了一个知识点。使用这种方法还能帮助我更好地理解所学内容。因此,我在学习过程中,把理论力学课程主要分为两部分:第一部分是新知识点的学习过程,也就是通过课前预习、课上听讲等方式学习新的知识点,并且找到所学知识点在理论力学骨架上所处的位置;第二部分是知识点汇总复习的过程,也就是通过列图表、思维导图等方式让知识点在理论力学的骨架上更加牢靠,并且使用时更加方便。

首先要寻找骨架。通过对教材目录与内容的扫读,可以直观地发现,就目前所学的理论力学内容来看,可以把理论力学划分为静力学、运动学、动力学三个部分。对于三个部分的简述为:(1)静力学:物体处于平衡状态(相对于惯性参考系静止或匀速直线运动)时,对物体进行受力分析;(2)运动学:在不考虑物体受力的情况下,分析物体运动的速度与加速度;

(3)动力学:研究作用于物体的力与物体运动情况的相关关系,分析物体运动的速度、加速度与所受的力。综上,经过对理论力学所学知识的大体概括可以对理论力学的知识有一个宏观的认识,为接下来的内容学习做铺垫。

其次就是要进行新知识的学习,这也是最重要的一环。在学习新知识的时候,合理的学习节奏能够帮助我们提高学习效率。在正常的学习过程中,要紧跟老师上课时的课程进度,掌握老师每次上课所讲的内容,就能够把握良好的学习节奏。

我主要把新知识的学习分为五个阶段:课前预习、课上听讲、难点分析、课后讨论、作业完成。

1. 课前预习

课前预习主要为了了解本节课所学的知识点的定义,并且要对定义有自己的理解。只记住定义是远远不够的。能够对定义做出个人的理解可以加深对定义的理解,不仅如此,定义的自我理解程度基本上决定了定义使用的熟练程度。

2. 课上听讲

课上的时间是最宝贵、最重要的,因此在课堂上一定要十分专注地听讲,并且要根据老师的讲解修正自己在课前预习中对定义的理解,加深印象。如果在上课过程中遇到难点、不易短时间理解的内容一定要做出标注,以便在课间或下课时间向老师询问,确保问题"不隔课,不隔天"。

3. 难点分析

在课后跟老师询问完难点之后一定要找出单独的时间对难点进行自我分析。只有通过自己的方法理解、消化了知识点才能够更加熟练地使用它。对于无法理解的难点可以通过查询资料或者利用网络资源对所学知识进行巩固。例如:我校夏冬生和朱公志老师在中国大学慕课平台上发布的工程力学的网络慕课其中就包括理论力学静力学相关知识点的讲解。

4. 课后讨论

课后讨论也十分重要,课后可以跟同学讨论,但不仅仅局限于同学,在老师方便时也可以跟老师讨论。跟老师、同学分享自己的理解,并且倾听老师的建议与同学的理解。通过老师的讲解和与同学的交流,可以使自己从不同的角度理解知识点,使知识点的运用更加多元化。

5. 作业完成

完成作业是对所学知识点的实际运用，是检验学习成果的最好办法。完成作业不只是做完作业，其中包括做完作业与批改后作业的改正与对相关知识点的整理。做完作业就是要独立完成作业，运用好所学的知识点。对于老师批改后的作业，一定要重视，对于做对的题要仔细研究是否有更简洁的方法，对于错题更要进行深度的分析。解题过程错在哪里？是用错了知识点？还是知识点运用不当？有效地分析自己的错题的错误点可以减少甚至杜绝同类问题的发生。同时也要整理自己的错题，用醒目颜色的笔标记出错误点以便日后复习更加方便。

依据艾宾浩斯遗忘曲线可知，新的知识如果不及时复习就会有大概率被遗忘，新知识在学习一天后，如不抓紧复习，记忆就只会剩下原来的25%。因此在学习新知识的过程中也要注重对所学知识的有效温习。

最后是要进行所学知识点的汇总。由于在一学期内理论力学的课程之间间隔较大，而且总时间也比较长，就会导致知识点分布比较分散。若记忆出现分层，对于比较独立的知识点，在使用时就会出现知识点串联不起来的问题。因此在课程接近尾声的时候进行一次完整的、有条理的汇总可以对整个理论力学课程的学习产生很好的效果。

对于理论力学的复习，主要就是在充满知识点的骨架上再进行梳理。最好的梳理知识点的方法就是绘制图表或者思维导图。本文主要以建立图表进行详细举例，根据理论力学的知识点分类把图表分为三大类：静力学、运动学与动力学。

在静力学的图表中将所研究的三项内容分为三列：(1)物体的受力分析；(2)物体的力系简化；(3)建立力系的平衡条件，并且将各类的知识点细化在每列下。在受力分析中主要指出画受力图的步骤与注意事项，在简化力系的过程中要列举各种力系的简化结果，并且将典型力系的结果进行强化记忆。掌握力系平衡条件的重点知识就要理解各种力系的平衡条件、平衡方程，并且能够熟练使用。

在运动学的图表中要分为两大部分，每一大部分包括两小部分。其一，为点的运动学，分为点的运动和点的运动的合成。通过矢量法、直角坐标法、自然法来研究点的运动，运用速度合成定理、加速度合成定理分析点的合成运动。其二，为刚体的运动，包括刚体的简单运动与刚体的平面运动。研究刚体的简单运动也就是分析刚体在平移和定轴转动时的速度与加速度，而在刚体的平面运动中包括通过基点法、瞬心法来求各点的速度和通过基点法来求各点的加速度。

动力学的知识内容较为复杂且相互关联性强,因此这一部分将内容分为两个表格。一个为包含动量定理、动量矩定理和动能定理的定理表格,另一个为包含动量(或质心运动)守恒定律、动量矩守恒定律和机械能守恒定律的守恒定律表格。

在定理表格中主要列出三种定理的表达式与适用范围,大体内容如下:动量定理的表达式可概括为矢量表达式和解题采用的投影形式、定理的适用范围;动量矩定理的表达式为矢量表达式以及定轴转动微分方程和平面运动微分方程、定理的适用范围;动能定理的表达式、定理的适用范围。

在守恒定律表格中则要列出在不同运动状态下典型构件所具有的动量、动量矩和机械能计算公式。在表格的最后还要列举出每种定理或守恒定律适用于何种运动的刚体,适用于求解运动的何种几何量及所受的何种力。

在梳理完所学的知识点后,就要进行典型题的汇总与分析,也就是总结三大部分的重点知识和所考题型,然后进行分析思路与解题步骤的整理。

静力学的重点内容为物体的受力平衡,主要问题为未知约束力的求解。解题步骤如下:(1)选取研究对象;(2)进行受力分析;(3)建坐标系;(4)列平衡方程。最关键的步骤就是灵活地选取研究对象,根据题目中的已知条件和所要求的问题找到解题的关键点也就是平衡方程中的“桥梁”。

运动学的重点内容为点的合成运动和刚体的平面运动,主要问题为运动的速度和加速度的分析。解题步骤分为两个部分。第一部分包括:(1)分析点的运动;(2)选择动点、动系;(3)分析三种运动;(4)应用速度合成定理;(5)应用加速度合成定理。第二部分包括:(1)分析刚体的运动;(2)用基点法、瞬心法求解平面图形各点的速度;(3)采用基点法求解各点的加速度。

动力学的重点内容为动量定理、动量矩定理和动能定理的综合应用,主要问题为既求解运动的速度、加速度,又求解未知的约束力。解题步骤如下:(1)选取研究对象;(2)进行受力分析;(3)进行运动分析;(4)选择合适的定理或定律将运动分析和受力分析的结果结合到一起。

理论力学是一门非常重要的理论基础课程,是学习后续许多课程的基石。因此,更好地学习理论力学就显得尤为重要,本文通过寻找骨架、新知识的学习和所学知识点的汇总这三大方面对理论力学的学习方法进行大体上的概括。而更重要的还是要结合自身特点,依据文章所讲的方法对课程内容进行学习和总结,找到理论力学的骨架并填充相应的知识,掌握课程的核心知识,从而开展有效的温习与复习。

牛艺滢:大学英语

专业年级:交通运输 2019 级
课程名称:大学英语
课程成绩:92 分

我个人认为英语并不算是一门靠期末突击就能拿到很好成绩的学科,关于学习方法,其实就是坚持积累。以下我从听、说、读、写四个方面进行阐述:

一、听

在英语的学习中,听和说、读、写是贯通的,而长期坚持听英语的量的积累会带来质的改变。关于听,我的习惯是每天早上从出寝室开始,到吃早饭,到到达教室开始上第一节课之前,以及在自己一个人去上下一门课的路上,习惯性地听大学英语的课文,就是用老师推荐的 App——爱听外语;在去上晚自习的路上,每天坚持听美剧《老友记》的音频版。久而久之,我就养成了单独一个人走路的时候戴上耳机听英语的习惯。期末考试有一项很重要的测验就是对于大学英语课文的翻译,而直接把课文背诵下来,写翻译题就会又快又准,能在考试的时候为解答其他题目争取更多的时间。大学英语期末考试题型和四、六级考试的题型很像,题量很大,所以对时间的把握尤为重要,大块的时间应该节省出来分配给阅读理解,以提高正确率。大家也许会觉得把课文全背下来太难了,但是我们在上课时大概知道了文章的内容,每听一遍就会在脑海里加深一遍印象,请大家相信,坚持每天听就会有神奇的效果。我在期末复习背课文时,惊奇地发现我对文章内容熟悉到几乎可以背诵的程度,甚至连读这篇文章的语音、语调都记得,这算是坚持的神奇之处。另外,对课文的熟悉也提升了我的英语口语水平。而口语发音方面,因为我自己比较喜欢美式发音,也爱追美剧,就会每天在去上晚自习的路上听美剧的音频版,并且是对某一集的音频反复听。做到听到能大致模仿出人物对话为止,不然只能算听了个热闹而没有什么实际作用。除了美剧音频,英语微信公众号中每日推荐的美音听力小短文也是不错的选择。我的英语听力学习资源有:百度云盘美剧音频和英语公众号——英文巴士。坚持像上面说的这样做,听力和口语水平就会慢慢提升。

二、说

在大一的上学期,我就很幸运地拥有了许多开口说的机会。其实在高中阶段英语的学习确实算是“哑巴”英语,而大一上学期,我们有外教课的小组展示、大学英语的课上演讲、视听说的口语考试,我自己报名了两个与英语有关的社团,作为社团口语部的一员,我每周主持英语角,并积极参加英语演讲比赛……这些开口说的机会让我从刚开始的紧张不已到后来的游刃有余,尤其是英语角的主持工作让我的英语口语能力有了很大提升。英语角的活动方式是每周根据选定的两个主题,由口语部部员带领来到英语角的小伙伴围成一个圈,每两名部员带一个六至八人的圈子,就主题开始讨论,畅所欲言。而主持人不仅要分享个人看法,还要领会每个小伙伴分享的内容,帮助难开口的小伙伴主动分享他们的观点,根据他们的分享不断地抛出问题引导他们说出来,并做好衔接。为了不让大家冷场,主持人必须不断地说,并需要具备良好的听力、敏捷的思维、充足的词汇量,以及让大家满意的口语发音。所以我通常会就主题做一些简单的准备,锻炼自己的临场反应能力。我在一周一次的英语角活动中,听、说的能力都能得到很好的训练。英语角的积累其实锻炼了我即兴口语的能力,即兴口语能力对于日常英语交流很重要。这种能力也让我在英语演讲比赛的即兴英文情景表演环节中能够相对从容地应对。而课外开口说的次数多了,面对课内口语展示我就不那么紧张了。英语演讲其实是另外一种开口说的形式,其更加专业化。为了在演讲比赛中更好地表现,我去咨询过专业的评委老师,知道了英语演讲中评委评价的标准,也知道了应该根据标准来展示能力。而在准备和参赛过程中,写稿子、改稿子锻炼了写的能力,比赛锻炼了说的能力,评委提问锻炼了听和说的能力。所以,多参加英语演讲比赛和英语社团活动,主动给自己找更多开口说的机会,真的可以提高说的能力。补充一下,闲暇时刻可以用轻松的方式练习口语。比如我最近在玩的英语趣配音 App,英文配音趣味性强又能提升口语能力。

三、读

在大学英语的学习中,我觉得读算是比较困难的一项,因为我很难静下心来去阅读,而阅读又是学习英语中很重要的一项。关于平时英语阅读和做阅读理解题,我有两个小技巧可以分享给大家。对于平时的英语阅读,技巧一是猜测生词词义而不要去频繁查词典。可以根据词的前后缀或者文章上下文来猜测,但注意不要回读,回读和频繁查词典都会使阅读变得很累,猜不到的词就干脆跳过,不要纠结,久而久之,阅读的速度和趣味度都会有明显提升。技巧二是一定要选择自己极其感兴趣或者极其了解的事物的有关文章去读。兴趣算是驱使我阅读英语的很大动力,而我了解的事情则在很大程度上帮助我猜测文章内容尤其是陌生词汇的含义。除了兴趣类文章外,我每周也会精读一篇外刊,关于这一点在之后的部分会具体说明。做英语阅读理解题,技巧一是用铅笔在文章中画出与题目对应的部分,这个方法不只对做细节题有帮助。具体做法是,做段意概括题标出相应段落,做主旨题划出关键句,做细节题时直接划出对应的句子与选项做比较。不做标注会导致在纠结选项重新盲目阅读文章,找不到对应的地方。这种方法节省了重新阅读文章的时间。技巧二是读长难句时要学会拆分结构。我在某个辅导班里学了一个三部曲法,第一步去掉形容词和状语,第二步是提取句子主干(用第一步的方法提取),大概理解句意,第三步是加上形容词和状语。遇到长难句不要怕,按三部曲冷静分析就可以。分享完了技巧,好文章的资源也很重要。我有许多好的资源可以推荐:微信公众号“英语逃脱计划”,英语四级考试的阅读文章大多选自外刊,多读外刊有助于提前适应外刊的写作模式;一些英语学习群每天推荐的英语早读和夜读;我们英语社团里有同学分享的《中国日报》(*China Daily*)的电子版,我中学时期比较喜欢读这个报纸,其中的英文文章对阅读新闻类文章很有帮助。我每周精读一篇课外文章,就是利用上面提到的外刊精读,精读时就是要频繁查词典,搞透重点句型和生词含义,并就自己学过的英文文章和句型进行联想,融会贯通。坚持下来,考试中最重要的阅读速度就会提升。

四、写

其实平时锻炼英语写作的机会很少,有了前面听、说、读的积累,写作的训练就会事半功倍。关于写作,我想分享三点经验:第一,语法和句式结构等基础要打牢。我不知道同学们中学阶段是否进行过完整的语法学习,由于我小时候比较重视英语学习,所以在课外班和学校,已经进行过很多遍完整的语法学习,对于提升听、说、读、写的能力来说这个基础是必须要打牢的。对语法和句式结构足够了解,写出的文章句子才不会有很大的语法漏洞。除基础外,对于语域的了解,即选词正式或非正式、书面语与口语等,同样也影响英语写作水平。这个很难系统学习完,我们只能在平时老师讲单词的用法时一点点积累。第二,阅读范文,理清文章逻辑。做一篇写作训练。我们常常可以看到同学或是答案上的范文,范文不一定是辞藻华丽、句式复杂的文章。其实,英文写作很注重逻辑,逻辑清晰、条理分明的文章会使阅卷老师读起来更轻松,更能了解你要传达的内容。把范文的逻辑与你自己写的文章的逻辑对比,找出自己的不足。关于逻辑,最简单的应用的格式就是,文章开头点题,每段开头点题并围绕中心举例论证,例证要具体有力,结尾再点题或升华。第三,优美语句为文章锦上添花。复杂句式,富有美感的句子或名言俗语往往能使文章锦上添花。我建议每周精读一篇文章后摘抄下来一个美句,或者随时在英语学习中见到就可以及时记下来。我自己很喜欢的一个美句来自有道词典 App 中的壹句版块,每日会推荐一个美句。将这三点坚持做下来,英语写作水平就会有所提高。

综上所述,英语学习就是要注重平时的积累,有意识地在日常学习生活中训练听、说、读、写各方面的能力。坚持比努力更重要,坚持积累会让你有意想不到的收获。

科技竞赛篇

张雪毅:科技竞赛经验分享

专业年级:电子信息工程 2016 级
竞赛名称:“互联网+”大学生创新创业大赛、中国大学生计算机设计大赛、“挑战杯”课外学术科技作品竞赛、辽宁省“互联网+”创新创业大赛、全国节能减排社会实践与科技作品竞赛
竞赛奖项:“互联网+”大学生创新创业大赛总决赛铜奖、中国大学生计算机设计大赛国家一等奖、“挑战杯”课外学术科技作品竞赛辽宁省特等奖、辽宁省“互联网+”创新创业大赛金奖、全国节能减排社会实践与科技作品竞赛国家三等奖、“华为杯”中国大学生智能设计竞赛国家三等奖等省级以上荣誉 20 余项

一、竞赛经验分享

(一)不打无准备之仗

在准备竞赛项目之前有一份很重要的工作,那就是在本届赛事为自己的团队定好目标,并且十分明确要想达到该目标需要把项目做到什么程度,需要付出多少时间、精力,为竞赛项目制定的技术路线是什么。如何去做这项工作?向往届获奖校友请教其实是最好的方法。若竞赛项目信息不便公开,可以和获奖同学说明意图,与其约好时间、地点,和团队成员一起去现场学习了解下其他人的竞赛项目。相信真诚能打动人心,大家都会开诚布公地分享自己的竞赛项目和获奖经验。

了解了自己的作品所达到的水平与匹配的奖项,做到心中有数,这有助于更好地、更精确地准备自己的竞赛作品。

除此之外,我们还要组建一个团队(3~5 人团队)。一个好的团队首先要有一个好的领导者,其任务是根据项目需求,来寻找专业技能与之匹配

的同学,大大减少前期夯实基础所需的时间。而一个好的领导者首先需要学会的是用人,能够科学地分配任务,让每位团队成员都能发挥自己的特长和优势。团队要定期开展组会,成员汇报当前进度,在自由民主的讨论中,对照着往届获奖作品,不断地对自己当前作品进行调整。务必在竞赛作品上交截止日期之前尽全力做到最好,这时候再和往届国奖、省奖作品比较,自己的竞赛作品能拿什么奖,大概就能心中有数。

(二)方向比努力更重要

我曾经组建过一个数学建模团队(自认为团队成员实力都很强),三名成员均有一定编程能力,其中一位同学在数学竞赛中获得大连市一等奖和全国三等奖,数学功底了得,一位同学文案功底很好。我们三人在 2017 年寒假花费一整个月的时间,每天早出晚归储备建模知识,且竞赛期间为了拼命赶进度,睡眠时间严重不足,最终却只获得了 S 奖(成功参赛奖),而身边的同学零基础准备一周多时间,竞赛期间按时作息,却获得 M 奖(国家二等奖),我们都对寒假这段经历感到既难忘又悲伤。下面我对此次建模竞赛犯的错误做以下剖析:

1. 切忌把写论文的工作放在最后

美赛建模无标准答案,更强调创新点,能否自圆其说。一般来说,美赛每个大题都包含四道小题,开题后我们很快地确定要用的模型,并且提出极具代表性的创新点,不久我们就把第一小题攻克了,攻克后的快乐溢于言表,我们都很享受解题过程。但美赛不同于 ACM,建模和编程只是过程,论文才是重中之重。再回首那段经历,我觉得把写论文的工作放在最后是大忌,4 天 3 夜的竞赛,到最后团队成员都精疲力竭,这时候是很难写好论文的。即使能写出再好的文案,把四道题目都做完再去写论文,前面题目求解的详细过程已遗忘,那时候的思绪全无,就只能看着当时建模后的结果瞎编。所以我认为,每做一个小题,就写一个小题的论文,这样做是最合理的安排,千万不要把写论文的工作放在最后,这样真的很难写出一开始的构思。

2. 高效利用时间,保证良好的睡眠

美赛的 4 天 3 夜,前期写中文论文,后期翻译。翻译时忌用翻译软件逐段翻译,因为这会导致出现很多低级错误。前期和后期的工作都很重要,特别是后期翻译论文、美化论文的工作,才是影响所拿奖项的决定性因素。非常不建议采取熬夜打法,这样做后期一定会精疲力竭。由于采取熬夜打法，后期，我们都处在写着论文直接睡着的那种状态。这样能写好论文吗？答案可想而知。由于整个 4 天 3 夜都有不同的任务安排，因此保证白天工作高效，晚上熬夜时间别太长，保证充足的睡眠，有足够精神支撑建模团队走完整个竞赛过程。

3. 学会适当包装

不仅建模类竞赛，还包括创新创业竞赛等各类竞赛，对自己竞赛作品都要进行适当的包装，这是一项事半功倍的工作。怎么包装？同样可以参考往届国家一、二等奖的竞赛作品的获得者，看看别人是如何包装自己的竞赛作品的，以最好的展现形式展示出来的。如：答辩类竞赛 PPT 一定得美观，演讲者一定得脱稿，报告书一定得彩印，展示视频一定请专业人士辅助精心剪辑等。

语言是门艺术，同样一句话，用不同的说法会达到截然不同的效果，适当的包装在竞赛中显得非常重要。再拿美赛来说，如果你能找到 30 篇论文（10 篇 M 奖，10 篇 H 奖，10 篇 S 奖），不需要深读，只需要了解他们的大致思路、整体版式和插图插表的形式，若 30 篇学习完了，再给你 10 篇（S~M 不同层次）论文，你一定能准确地辨别出来论文奖项等级。

4. 细节决定成败

在答辩类竞赛中，团队成员的着装是一个很重要的细节。对于这种开放式竞赛，作品实力是一方面，评委的主观印象也是一方面，如何为评委留下好的主观印象呢？问候、着装是重要的因素。正常参评也是一项很劳累的工作，如果团队成员着装正式，在答辩开始前能向评委致以简单问候，给评委的主观印象就不会太差，这也说明了细节的重要性。不仅着装细节，在写论文报告、竞赛各个方面都需要注意细节。但是要注意的是，并非考虑得越多越好，而是考虑得越细致、越准确越好。

二、大赛分类分享

（一）中国大学生计算机设计大赛

这是一个相对来说容易拿奖的比赛，包含很多个大类（下列为 2019 年中国大学生计算机设计大赛内容及大类分类）：

软件应用与开发。

微课与教学辅助。

物联网应用。

大数据。

人工智能。

信息可视化设计。

数媒普通组(主题:海洋世界)。

数媒专业组(主题:海洋世界)。

数媒动漫游戏(主题:海洋世界)。

数媒微电影(主题:1911年前中华优秀传统文化元素)。

数媒民族元素(中华服饰、手工艺、手工艺品、建筑)。

计算机音乐创作普通组。

计算机音乐创作专业组。

A:以上每项大类还包括多项小类,要求高校每个大类进入国赛的作品数量≤4。

B:比赛设置省赛,该省赛不同于其他竞赛省赛,不同之处在哪儿呢?

B-1:校内选拔推荐省赛,要求高校每个小类(对大类没有要求)进入省赛现场赛的作品数量≤2。

B-2:省赛答辩、出分数后,由学校按省赛成绩,在每个大类中选出4项作品,直接进入国赛。

C:进入国赛后,国赛奖项设置中,国一+国二占比40%,国三占比60%。

该比赛涵盖了理工类、社科类多方向、多领域,一位同学有精力可以参加多个大类,每个大类决赛时间基本都不会冲突,就算冲突由于答辩时间不一样,也几乎没有影响,推荐有能力、有精力的同学参加两三个大类。

参赛前首先必须了解比赛时间节点,一般来说每年12月份校内报名(只需提交报名表),次年3—4月份举办校内选拔赛(每个大类),5月份省赛,7—8月份国赛。也就是说,3—4月份就要把作品(包括PPT、视频、报告书)做好,比赛公平公正,其创新点越好,展示效果越突出,获奖机会也就越大。

对于没有技术基础又没组建团队的同学,懂音乐的推荐音乐类(该类往年没有竞争);会画画或者会拍微电影或者会服装设计的同学,我推荐拿自己的作品参加数媒类;若以上技能均未掌握,我推荐参加微课类。2018年我校微课类两项作品获得国家二等奖,5名2016级同学被破格保研。总的来说,看A、B、C三项说明可以明白,该竞赛获奖机会较大,只要准备用心得当,机会总会留给有准备的人。

（二）中国大学生节能减排社会实践与科技竞赛

A：每年4—5月份组织校内选拔，推荐成绩前15名的作品至全国参加网评。

B：我校历届最高成绩为国家二等奖（因为有特等奖，在我校被认定A类竞赛国家三等奖），历届一般来说全校会获得3个左右国家三等奖（竞赛设置国家特等奖，国家三等奖算第四等级奖项），可以丰富简历，拓展多方面技能。

我参加过两届节能减排竞赛，两次获得国家三等奖。根据我的经验，首先，作品要的的确确与节能减排相关，再拿来参加节能减排竞赛。若是和节能减排主题的联系太过牵强，作品做得再突出，一定也会在网评阶段被淘汰，最后徒劳一场。方向比努力重要，方向不对再努力也会是徒劳的。

其次，因该竞赛作品的报告书有页数限制，所以报告书应当突出重点，简明扼要，多图少字，整篇文章需以“节能减排”为主题进行论述，这往往是评委最中意的。

（三）“互联网+”大学生创新创业大赛

A：该竞赛评委一般为创业公司CEO、风险投资公司经理，他们重视的并非技术，而是创新点是否能创造出利润。

举例：ofo单车为“互联网+”大学生创新创业大赛总决赛亚军，技术壁垒很强吗？显然并不是，其最大的亮点在于运营模式，共享经济热潮下的ofo单车必将盛行，更不用说创造利润。它显然是最符合投资人投资意向的。

如果我们仅仅为了参加竞赛，并非想把项目打出去，拉投资创业，也要使作品符合创新创业类比赛应遵循的规则。通过层层分析，让评委看到我们的创新点也能创造出利润，只是现在处于创意阶段，需要一定投资就能转变为一匹黑马打入市场。

通过上面的分析，创新创业类大赛的评委更看重运营模式、盈利模式、投融资分析等，因此团队中有财务管理专业同学来做这方面内容再合适不过，体现出我们有技术能力做这个项目并且能够做好即可。

在中国“互联网+”大学生创新创业大赛官网、微信公众号上可以看到往年总决赛答辩的现场视频，相信同学们在学习过后一定会有更多收获。创新创业团队不限制人数，一般规格在10人左右，一个领导者的重要性显而易见。团队的领导者应多和团队伙伴进行讨论，找有财务、市场、技术等各个方面专长的人组建团队。好的作品加上好的创意，再通过不断打磨，一定会取得让人满意的成绩。

李家硕:第十三届 iCAN 国际创新创业大赛

专业年级:应用物理学 2018 级
竞赛名称:第十三届 iCAN 国际创新创业大赛
竞赛奖项:国家级二等奖

"科创"这两个字,对我而言,有着太多的回忆,也是我大学的一年多生活中最明亮的色彩。从大一有幸进入大连海事大学微流控芯片实验室,参与实验室项目,与读硕士研究生的学长共同攻克技术难点,到走出实验室,参加各类科创比赛,前往北京、南京与全国各大高校学生同台竞技,并且大二上学期在南京的决赛现场代表团队答辩,获得了"第十三届 iCAN 国际创新创业大赛"国家级二等奖的荣誉,一切都让我受益匪浅。在此,我把我的经验和感悟总结为以下几点。

一、找到自身的兴趣所在

唯有热爱,才能全心全意。进入实验室后我参与的第一个项目是"基于摩擦纳米发电机技术的海洋浮标项目",虽然项目成功地通过了验收,但我仍感觉迷茫。之后当我参与细胞的研究,看到细胞按照我的想法在微流控芯片中进行分离和产生信号时我才第一次感觉到内心深处的兴奋与激动。

我认为兴趣在自身的成长中,远远比参赛经验更重要,没有兴趣,做任何的事都如同没有方向,提不起精神。若内心没有支撑,如何站在台上与评委与观众自信满满地分享出你的项目?

二、参赛准备与自身经历

（一）成果的产生以及转化

创新创业类比赛与其他类比赛不同，它考验的是你在一段时间内的科研积淀以及成果转化能力。

你要做的第一步并不是参加比赛，而是去沉淀。拥有自己的想法，脚踏实地地做出自己的东西。你可以参加科技类社团，也可以参加大学生创新创业训练项目，或者可以进入实验室，做出属于自己的研究，并且把自己的研究成果变为可以应用的实物，拿出去参加比赛。

（二）利用好学校资源

学校提供了很多优秀的平台以及资源，比如在比赛前培训讲座，邀请各大评委指点项目，在利用这些平台的同时你可以通过创新创业学院的孵化空间，完善打磨自己的项目，借助外界的帮助，知晓自身项目的不足。

（三）自身经历

就我自己而言，我在大一参与了“便携式循环肿瘤细胞检测仪”项目团队，研究微流控芯片单细胞分离技术。之后与团队成员参加第五届中国“互联网+”创新创业大赛，获得主赛道省级金奖与国家级铜奖。

有人认为这已经足够了，但我认为如果一直戴着以前的光环生活，那我的科创也就失去了意义。之后，我转头投入了新技术的研究中——双液相细胞分离技术。新的技术可以带来更高的通量，且可以大大改善细胞分离及单细胞操控过程中造成的细胞损伤。

终于在大二上学期，项目初步完成，我参加了“第十三届 iCAN 国际创新创业大赛”，在省赛中晋级国赛。利用国赛前的时间，我认真打磨项目，与队友待在实验室，解决实际过程中出现的问题，争取万无一失。最终，在南京的决赛现场上，我代表团队进行答辩，获得了国家级二等奖的荣誉。

三、重点难点

（一）成果的转化和不断的坚持

科研与应用之间的距离往往是遥远的，很多人能够坚持做研究，但当研究成果得不到应用时，就感觉前路茫茫，不知道该往什么方向努力，或者无法坚持。拿我自身举例，一个科研成果在实验室阶段往往需要在高精度或者是专业设备的条件下进行研究。而参加大学生创新创业项目,需要把研究成果变成简单易操作的产品,要去考虑如何让研究成果在保持一定精度的前提下变成一个应用范围广且可靠性高的产品。在这个过程中,需要有大胆的创新和取舍,并且还要解决很多小问题,比如显示模块与检测模块之间的配合、便携性的考虑、可靠性的检验等问题,这些问题需要自身与团队的坚持,一点一点地攻克难关。

(二)团队的建立

俗话说,一只老虎再强也斗不过一群狼。在比赛前,一支可靠且实力强劲的队伍会事半功倍。你可以与团队成员共同攻克技术难点,也可以通过听取不同的意见,从多方面改善项目。总而言之,一只优秀的队伍是成功的关键,但也是难点。

为什么说组建团队是难点呢?很多人在组队的时候喜欢按兴趣爱好组队,比如两个人交情不错,就一起报名参加比赛。但你需要找的是能力强、可靠性高的可以互相弥补不足的人一起去参加比赛。因为只有强者的相互扶持,才能让彼此走得更远。一旦比赛进入决赛阶段,你会发现,任何一支优秀的队伍都有实力强劲的团队成员在互相支持。如果团队整体实力较弱,那么将很难走到最后。

一个优秀的团队像一支军队一样,齐心协力,方可无往不胜。

四、心得感悟

(一)汗水与收获

这一年多来,我待得最多的地方不是宿舍,而是实验室,在这里我付出了汗水,收获了热爱。寒暑假中,我早晨出寝室,晚上回来便已是满天繁星。在完善项目时,我在一次又一次的失败中寻找成功的经验。在比赛前,我与队友忙至深夜,修改 PPT,练习答辩,争取做到万无一失。在这一年多的时间里,我读了很多文献,做了几百次实验,写了一份份实验报告,参与了实验室好几个项目,并把成果转化成为自己的项目。今年我大二,收获是巨大的。有付出不一定有收获,但不付出一定没有收获。全身心地参与比赛,你将收获巨大。

(二)眼界的提升

在比赛中,你可以见到各大高校的优秀学生的优秀项目。它们会提升你的眼界,开阔你的视野。如果我们不把目光放得更高、更远,就一定不知道在海大校园外的那些同学,到底在以一种怎样的姿态度过自己最美的青春时光。眼界的提升将激励我们砥砺前行,向着更优秀的方向努力!

李明欣:第十三届 iCAN 国际创新创业大赛

专业年级:航海技术 2017 级
竞赛名称:第十三届 iCAN 国际创新创业大赛
竞赛奖项:国家级二等奖

在如今“大众创业,万众创新”的大环境下,大学生朋友们在学校期间都积极参与各项创新创业类活动来培养自己的创新创业能力,将来为祖国的发展助力。如今一名大学生只有成绩好是远远不够的。在使自己德智体美劳各方面共同发展的同时,创新创业意识的培养在如今的大环境下也显得尤为重要。各类创新创业比赛应运而生,逐渐进入人们的视野。从大学生朋友们最常参加的大学生创新创业训练计划,到大学生创新创业竞赛的顶峰,即“互联网+”大学生创新创业大赛,再到形形色色的各类由教育部主办或企业承办的创新创业大赛,中国大学生参加创新创业竞赛的渠道愈发增加,多种多样的参赛项目也如雨后春笋般出现在各大竞赛中,无时无刻不展现着大学生朋友们活跃的创造力与研究能力。创新创业竞赛旨在培养创新创业的思维,锻炼大学生处理问题的能力,提升学生与老师的互动水平,为大学生将来的创新创业打下坚实基础。与此同时,国家为鼓励大学生创新创业设置了一定的扶持基金以及政策,以各大企业为渠道,让想真正走出去的大学生有开阔眼界与实践的机会。

创新创业不只是新闻的报道以及学校的宣传,是需要广大的大学生朋友们认真地去践行、去开拓,最终取得属于自己的成功,为将来更广阔的发展提供原动力。从另一方面考虑,参加过创新创业竞赛的同学在升学与工作中更加有竞争力,因为各大高校与企业都倾向于能力强、思维清晰以及有创意的学生与员工,故简历中列有参与创新创业类比赛经历的学生在面试中更具竞争力。

我本次参加的比赛的全称为“第十三届 iCAN 国际创新创业大赛”，并作为参赛队伍的负责人，参加比赛的项目名称叫作“高通量循环肿瘤细胞(CTC)全自动检测仪”，指导教师为大连海事大学轮机工程学院宋永欣教授。该比赛顾名思义是国际性比赛，已经举办了许多年，在大学生朋友中也广受欢迎，是参与人数较多的国际性创新创业竞赛。该比赛分为省赛、国赛与国际比赛。辽宁省的省赛在大连理工大学的创新创业学院举行，获得省一等奖与部分省二等奖的队伍可以进入国赛，获得国赛一等奖即有资格进入国际比赛，与其他国家的参赛选手同台竞技，将中国的创新之风吹向世界。

因为项目本身趋于成熟，故参赛前对于参赛作品这一方面没有感到太大的准备压力，完成基本的调试就可以参加比赛。但参赛需要的项目书与 PPT 却是重中之重，因为一个作品的项目书与 PPT 的好坏直接决定其本身特点能否被淋漓尽致地表现出来，也决定了评委老师对该作品的整体评价，并最终反映到作品最后的定级，决定这一项目在比赛中到底能够走多远。

项目的项目书由队长与三名队员一起完成，针对作品的背景、作用、原理以及我们做的工作这几点来进行项目书的编写，看似简单的三四十页项目书却花费了我们两天半的时间来不停地进行修改。在最后一天，在把项目书拿去给指导老师审阅的时候，项目书仍然存在一些表达不明以及冗余的片段，所以在 24 点提交之前，又修改了 4 个小时左右。可见，项目书的好坏直接决定着一个作品的未来。

在提交完项目书之后，就是着手准备 PPT 的时候了，当时正值暑假，天气炎热难忍，但我们队伍几个人基本天天都在实验室待着，一边对仪器进行最后的调试，一边完成整个 PPT 的内容，日子过得确实很累，但是却让人充实快乐。在 PPT 这方面，很多队伍拥有不同的风格，但主旨都是一样的，就是利用最醒目、最简洁的方式展示自己的作品，这样更容易得到评委老师的青睐。一个好的 PPT 应该有以下两个优点：

(1)简明扼要；

(2)详略得当，突出重点。

其次，只做 PPT 是远远不够的，比赛中最重要的一个因素就是人。人是展示的主体，所以展示 PPT 的人的临场发挥在答辩的过程中非常重要。如果一位评委老师提出了一个你暂时无法回答的问题或者触及知识盲区的问题，应该怎么化解来给老师留下好印象而不“翻车”，这是一门学问。

所以我们通常会看到,在答辩之前,很多同学在答辩的教室门口一遍又一遍地练习,据说需要练习200遍以上才能完成最流利的展示。我们的项目也无法不落窠臼,参加比赛前准备了长约10分钟的时间来进行PPT讲解的练习。

本次比赛的省赛在大连理工大学创新创业学院举行,对于我们很方便。当时我们在等候室内等候,环顾四周可以看到来自各个学校的同学和他们的作品,真是一个科技创新的大展示区,看得令人十分地兴奋。答辩主要分为三部分:五分钟的PPT讲解、一分钟左右的作品实物展示和两分钟的评委提问环节。在PPT讲解的过程中,可以看到很多其他项目的负责人同步的讲解,也默默形成了一个比拼的场面。台下的评委是来自各大高校与企业的老师与高管,有熟悉项目方面的,也有不熟悉项目方面的,所以对于作品的讲解必须满足所有人的需求,只有展示前准备的台词远远不够,而是要具备之前说过的临场发挥的能力。你的一个语气词或者一处停顿都会引起或者降低评委的兴趣,所以这方面十分重要。在展示部分结束后,就到了评委提问的环节,评委中果然有对项目方面了解的老师,提的问题也十分尖锐,但是随机应变的能力让我们在层层筛选中幸存了下来,最终拿到了省二等奖。因为位于获省二等奖各队伍的前列,故获得了到江苏南京参加国赛的资格,我们十分开心。

国赛时正处于考试周,但我们本着对项目负责、对自己负责的态度,三个人在一个周末从大连飞往南京,去河海大学参加2019年的国赛。在到达河海大学之后,我就知道我这一趟没有白去,因为我真真切切地看到了思维的碰撞。参赛作品从互联网、机械,到模型构建,再到生物医学工程方面,可以说应有尽有,而且也专门设置了青少年赛道,使青少年朋友们也有机会参与到这场创新创业的狂欢之中。

大赛共持续两天,参赛选手来自北京科技大学、国防科技大学、上海交通大学等许多知名高校。比赛的第一天是开幕式、作品在平台的实物展示与参赛答辩,第二天是复活赛与颁奖典礼。我们到达展位后便开始布置我们的展位,其间有来自不同学校的同学与老师进行观摩与询问,我们都一一解答了他们的问题,其中同样不乏在项目相关领域有建树的老师给予指导,这让我们大有收获。在展示之余,我们同样去往其他参赛选手的展位进行参观,让我印象深刻的是上海医学院的手指康复器以及来自国防科技大学同学的避碰与识别小车项目。手指康复器与其隔壁展台的针灸辅助器确实是将医学中的智慧运用到了创新领域,并且能够切切实实地造福有需要的人群，我觉得十分具有现实意义。来自国防科技大学的同学向我们展示了他们的小车的避碰与识别本领，希望将来能够运用到军工层面，为我国的国防贡献力量。我们还同来自武汉理工大学的做便携式垃圾收集船的同学进行了交流探讨。在我们告诉他们我们是来自大连海事大学的时候，他们很高兴，说我们才是研究船舶的专家，但我们知道，只有互相交流，才能碰撞出创新的火花，闭门造车是远远不能进步的。

在交流一圈过后，终于轮到我们去参加答辩，评委都是来自各企业的高管，这就意味着，如果一个项目不能够带来切实的经济效益或者社会效益，那么它在评委的眼中基本是毫无意义的，所以在答辩的过程中我们如履薄冰，如临深渊。最终我们打动了一个评委的心，在对我们提出了几个问题之后也提出了一定的要求，并决定比赛结束后继续联系我们，为我们提供有效的指导。第一天的结果是我们的作品获得了二等奖，但是有机会参加第二天的复赛来冲击一等奖，故当天晚上我们基本没有睡，一直在准备第二天的复赛答辩。

第二天我们起了个大早，去往赛场参加复赛。在复赛中，我们基本是换了一套打法，专注于介绍作品本身的价值，但最后可能是没能够使评委们满意，最后还是定级为国家二等奖。虽然没有通过复赛，但我们也享受了比赛的过程。

创新创业不只是说说而已，通过参加这次比赛，我感触良多，切实地体验到了创新创业的活力以及创新思维的碰撞。如此多的青年朋友们能够汇聚到一起来展示自己创新创业的成果，而且还能够和他人交流成果，从而从中获得新的灵感，这是我在参加此次比赛之前没有想到的。在如今创新创业的大环境下，像如此大型的创新创业比赛也在全国各地举行着，这让我觉得中国的创新创业氛围是很浓厚的，我们中华民族的未来也必定是掌握在这些善于创新的人手中的。

中国力求将“中国制造”转变为“中国创造”，创新创业的意识十分重要，以此为根基，以广大爱好创新的青年朋友为载体去建设这座创新创业的大厦，到那时，中国各处都是创造的活力之泉，中国也将更加强大！

杨恒一：中国大学生计算机设计大赛

专业年级：轮机工程（海上方向）2017 级

竞赛名称：中国大学生计算机设计大赛

竞赛奖项：2019 年数字媒体国家二等奖、2019 年动漫游戏国家二等奖、2019 年移动应用与开发国家三等奖

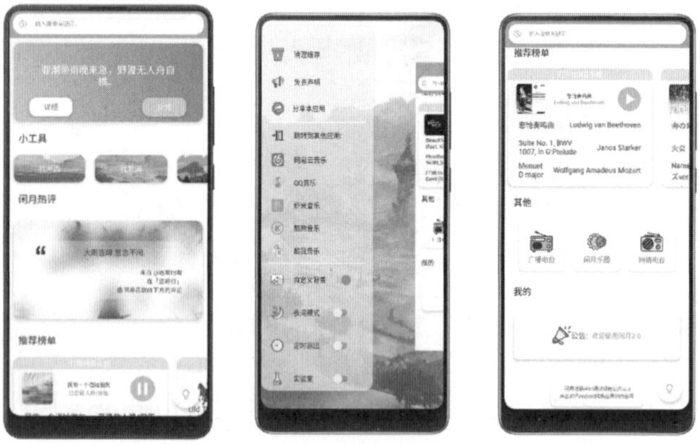

（2019 年中国大学生计算机设计大赛移动应用与开发组辽宁省一等奖、国家三等奖作品展示）

“每当你在感叹，如果有这样一个东西就好了的时候，请注意，其实这是你的机会……”，灵感加上持之以恒的努力就能够成就一个好的作品。

我在 2019 年参加了中国大学计算机设计大赛的三个组别，分别是移动应用与开发组（担任队长）、数字媒体普通组（为主力队员）和动漫游戏组（为主力队员），对应拿到的级别分别是辽宁省一等奖、国家三等奖，辽宁省二等奖、国家二等奖，辽宁省二等奖、国家二等奖。

首先，计算机设计大赛作品的选题应该非常地慎重，并且应该合理包装作品。赛事对主题选择的偏好是对社会或者对某一行业和现象能够做

出积极向上的创新或者改进。对一个作品的主题应该再三思考,其方向在某种程度上比努力更重要。对于如何包装作品,可以与自己的指导老师积极交流。对于涉及代码的组别都要求撰写软件开发文档,这是非常重要的一部分,但是个人觉得不要浪费太多的精力。其次,关于答辩部分,PPT 应该仔细打磨。应有图、有文字,强调发现了什么问题,解决了什么问题,怎样解决的问题等。对于答辩,负责答辩的同学应该反复练习,做到脱稿的程度,同时反复练习控制好答辩时间。另外,杜绝抄袭,该赛事有严格的抄袭检测制度。

对于科创,要明确目标,知道自己想要做什么、怎么走。在开始项目之前,要做好全局的架构工作,可以利用画流程图的软件,有条理地把工作细节记录好。应做好知识储备,系统的知识储备是跨学科、跨专业必备的素质和基础。应独立思考,自己指导自己在某种程度上比老师指导自己更加深刻。另外,赛前赛后调整好心态,不打无准备之仗,当然,往往在意想不到的时候,总会伴有惊喜或者惊吓,心态稳定是非常重要的,享受过程的同时,追求更好的结果。比赛与学习不同,是需要多方面努力的过程。但应明白努力也不一定成功,心态决定一切。另外,应根据自身的情况来有选择性地参加比赛,人的精力是有限的,专业基础课程一定不要忽略,因为它们只有一次决定考试的机会,而比赛,大学期间一般可以参加很多次。每个人都有优点,选择适合自己的竞赛,找到匹配的队友,共同地做好一件事,这样的经历是难忘的。对于选题,我认为应该在日常生活中经常保持创新的思想。比如说,自己在做什么事情的时候发现什么工具不应手,那么你可以切入,首先展开调研,看看别人有没有做,别人做到什么程度了,站在前人肩膀上才能够走得更精彩,自己闭门造车,往往会产生南辕北辙的后果。对于项目,我不建议大学四年"吃老本",看似丰厚的比赛荣誉,实际上就一个项目,当然,不是说不好,只是在某种程度上容易令人产生惰性,陷入循环。在这里指出的观点是广度和深度结合创新,广度大、深度小是学科的平行逻辑组合,广度小、深度大是特定学科项目的钻研形式,而广度小、深度也小的应该避免。应大胆地尝试,走出舒适区,与志同道合的伙伴,脚踏实地,刻苦钻研。

最后,任何一个作品的诞生都离不开多种开源项目和框架,狭隘地封闭创造是不可取的,保持开放进取的心态才能共赢。

黄以杰:全美大学生数学建模竞赛

专业年级:电气工程及其自动化 2018 级
竞赛名称:2020 年全美大学生数学建模竞赛
竞赛奖项:F 奖

在 2020 年的全美大学生数学建模竞赛(以下简称“美赛”)中我们团队获得 F 奖,现在我们就分享一下我们团队的一些经验,主要包括以下几个方面。

一、赛前准备

数学模型是一个庞大的议题,关于它的各种资料、知识点也是浩如烟海,现在我就分享一下我们认为在比赛之前应该学的东西。

1. 了解美赛

美赛分为两种,分别是 MCM、ICM。

其中 MCM 包括:

A:连续型;

B:离散型;

C:大数据。

ICM 包括:

D:运筹学/网络科学;

E:环境科学;

F:政策。

在备赛时应选择一到两个比较适合自己的题目,去重点学习。

关于选题,我认为 MCM 比较适合理工类专业或者数理基础较好的同学,A 题和 B 题往往可以较好地用到理工科学习的数学知识,C 题大数据类型的数量极其庞大，比较适合计算机专业的同学。ICM 比较适合经管类专业。当然，这只是建议，具体选题还要看大家的能力比较适合哪一方面。

2. 基础知识

在大学，我们一定要学好一些基础的课程，学相应课程时要尽量去了解其中的思想内涵，而不是应付考试，我认为比较重要的基础课有以下三门：

高等数学：高等数学是大学理工类课程的基础，其中最重要的知识便是微积分，通过这个工具我们可以描述连续类的数学问题。

线性代数：线性代数中从数量到向量、矩阵的本质来描述维度的扩增，可以处理很多离散数据，通过此工具我们可以很好地去描述离散类的问题。

概率论与数理统计：前面两门基础学科大多数时候描述的是确定性的对象或过程，当出现了不确定事件时，就必须引入概率来描述这一过程，然后用统计学的方法对各种数据进行分析、建模，从中挖掘出一些有利的信息。在大学的课程中我们一般只学习了前半部分，其实后半部分的方差分析、bootstrap 取样方法、随机过程、马尔科夫链等都是建模常用的方法，因此我建议最好通读概率论与数理统计教材。

3. 系统学习数学建模

有了以上基础的数学知识，我们便可以阅读数学建模的专业书籍了。我认为这是知识增长最快的一个阶段，也是对比赛结果影响最大的一个阶段。大家只要肯下功夫，一定能体会到解决问题的成就感。以下几本书是我认为比较经典的数学建模书籍：姜启源的《数学模型》、司守奎的《数学建模算法与应用》、米尔斯切特的《数学建模方法与分析》。

我感觉在书籍方面，大家至少要精读一本，其他的可以当作工具书，在用到某个知识点时可以去查阅。

4. 阅读历届优秀论文

如果大家只是阅读了大量的建模书籍，观看了大量的建模课程，但没有仔细地看过几篇论文，恐怕还是会捉襟见肘。

在阅读论文时，要去思考他们是怎么想到这样做的，换成自己能不能形成这种正确的思路，而不是去记忆里面的结论，去想下次能不能够碰到一个背景类似的问题而直接套用。毕竟浮于表面的想法很难深入文章的思想核心，生搬硬套只会让评委感觉解题思路比较生硬。

二、模拟比赛

模拟比赛的过程是非常有必要的，参加美赛的每个团队都是三个人，每个人应该都有自己的分工，可以找机会找一道题真正模拟一下比赛过程，以此来提高三人配合的默契度。

三、参赛注意事项

1. 关于论文

论文中必须注明参考资料。

美赛可以提交未完成的论文，计算结果并不影响论文得分，评委更看重的是问题的解决方法。

论文中需在每一页的页眉上显示参赛队伍的控制号和页码。

摘要一定要认真书写，摘要页是评审中较为重要的一部分，与评审分数息息相关。获奖论文的摘要往往在质量上超越其他论文。摘要页需要清楚描述所解决的问题和使用的方法，以及最重要的结论，而不应仅仅是对问题的重述、剪切或者粘贴引用内容。

2. 论文提交

发送论文后，需再次登录美赛官网，确认论文已经发出，即点击“Submit Final Solution Paper”。

由于向国外发送邮件可能有延迟，所以尽量提前半小时发送。

四、心得感悟

首先，我认为数学模型的功能大致有三种：评价、优化、预测。几乎所有模型都是围绕这三种功能来做的。

对于不同功能的模型有不同的方法，例如评价模型方法有层次分析、模糊综合评价、熵值法等；优化模型方法有启发式算法（模拟退火、遗传算法等）、仿真方法（蒙特卡洛、元胞自动机等）；预测模型方法有灰色预测、神经网络、马尔科夫链等。可以参考数学建模书籍去学习。

然后，对于团队分工，团队中三个人，一般是分别负责建模、编程、写作。负责编程的人也可以建模，当然建模的人也可以写作。这个要视具体情况来定，但这三样必须要有人擅长，这样才能保证团队发挥出最大潜能。这三个人中负责建模的人是核心，因为建模的人决定了整篇论文的思路与结构，尤其是模型的选择直接关系到论文的结果与质量。团队中负责建模的人首先要大量地阅读文献,要见识尽可能多的模型,这样拿到一道题就能迅速反应到是哪一方面的模型,确定题目的整体解题思路。

我也曾参加过国赛,其实美赛和国赛相比是有许多不同的。我认为最大的不同是美赛没有国赛那么看重结果,只要你的想法够创新、有依据,哪怕没有做出最后的结果,也是很有希望获奖的,而国赛对结果的要求就比较高了。

另外,美赛的论文是需要用英文写作的,所以怎么样把自己的论文翻译好让评委看得懂,这点很重要。此次比赛我们使用了知云翻译软件,相比而言,此软件对于一些专业名词的翻译效果还是不错的。个人建议美赛前最好做一套题的翻译,这样就能理解其中的困难之处。

以上就是我们对此次美赛的一些感悟了,希望可以对大家有一些帮助。最后祝所有在数模路上奋斗的朋友都取得好成绩。

董施慧:全国大学生数学竞赛

专业年级:交通运输 2017 级
竞赛名称:全国大学生数学竞赛
竞赛奖项:国家一等奖

一、参赛准备

全国大学生数学竞赛由中国数学会承办,非数学专业类竞赛内容为大学本科理工科专业高等数学课程的教学内容,包括了函数、极限、连续、微积分、向量代数、空间解析几何、无穷级数等内容。根据我个人的参赛经历,我将参赛准备分为两个部分:平时准备与赛前准备,在此和大家分享。

第一部分是平时准备。由于数学竞赛考查的是高等数学部分的知识内容,而高等数学又是理工科学生大一上、下学期的必修课,所以平时的准备其实很简单,主要就是在课上认真学习课程,并且一定要记笔记。因为笔记在我的参赛过程中起到了很大的作用,所以这个部分我重点提一下。在参加全国数学竞赛前,我还参加了海大的数学竞赛、大连市数学竞赛。这些比赛之间具有一定的时间间隔,所以一本成体系的数学笔记可以让你更好地回顾之前学过的知识。你可以在大一的学习过程中着重记一些有助于自己理解的注释,这样当你回顾之前的知识时就不再为难懂的定义而费心。你也可以把一些重要或典型的例题记在笔记上,再多的语言也不如一道例题更能让你回忆起之前的知识。这些笔记也会在你大一期间参加的竞赛中起到作用,就是我之前提到的海大的数学竞赛和大连市数学竞赛。我建议如果有类似的比赛最好参加一下,因为每一次比赛前你都会进行系统的赛前复习,这对掌握高等数学的整个知识体系有很大的帮助。赛前复习的具体方法我会在接下来的赛前准备中讲解。

第二部分是赛前准备。我认为这一部分是在平时的基础上完成的。就我个人而言我并不喜欢突击复习,其中的主要原因就是如果的确想在全国数学竞赛中取得很高的成绩,那么就要注重锻炼自己的数学思维,而这些思维体现在每节高数课中我对概念和题的思考,这并不是一朝一夕就能形成的。然而如果你的确在平时的课程中对一些知识或题型掌握得并不是很熟练,也不要灰心,因为就竞赛的赛前准备而言,另一个非常重要的部分就是做题。注意,刷题是很有必要的,赛前准备除了大致过一遍所学知识架构知识体系外,然后就是做题,这些题既包括典型例题,也包括一些创新题。在海大的数学竞赛和大连市的数学竞赛中,只要你对各部分知识的典型题掌握熟练,应该就可以获得不错的奖项。但是如果你希望参加全国大学生数学竞赛并取得优异成绩,你就得花更多的时间进行准备和复习,因为竞赛的难度和期末考试的难度是有很大的差异的。如果你觉得大三的课程比较多且比较忙碌的话,我建议你在大二的时候选修王志平老师开设的高等数学选讲这门课程,这门课程会给你带来非常大的帮助。有老师帮助你并且引导你学习会让你少走很多弯路并提高学习积极性。如果你能认真听讲并且思考那些有趣的题型,我相信你一定能在数学竞赛中取得优异成绩。

二、考试心态调整

这届的全国数学竞赛我是在本校考的,算是比较幸运,但是以后可能会出现去外校考的情况。其实我觉得最重要的还是心态,如果紧张的话可以提前先看考点,熟悉环境。比赛当天除了可以复习一下公式外最好不要再做题,应尽量让自己处于一个沉着冷静的状态。考试前放松心态,不要给自己太大的压力,就把竞赛当成普通的期末考试。在考场上尽量先做自己会的题,在会的题做完了之后再看大题有没有能写上的公式或定理,争取得一些步骤分。总的来说就是心态很重要,放松的心态可以使你冷静地的思考。

三、注意事项

关注考试时间,并及时报名和制订合理的复习计划。

考试时尽量慢慢写,时间会很充裕,保证自己有一个清晰的思路,不必焦躁着急。

记得加入大连海事大学的数学竞赛群,群里会有海大的比赛、大连市比赛以及全国比赛的报名通知和获奖证书通知，及时关注群内信息能够让你及时地获取必要的通知。

推荐书籍《高等数学选讲》，这是大连海事大学出版社出版的专业书，书里有很多非常典型且有难度的题，能很好地锻炼你的数学思维，让你挑战自我。

要对自己充满信心，不要认为比赛的难度很大就放弃参赛，其实只要做对少数的题目就能够获奖，要相信心有多大，舞台就有多大，只要认真复习就会有很大的机会得奖。

可以在考前做一做之前的竞赛真题，把握一下试卷的结构和题目难度，但是应注意竞赛中一般不会出现重复的题目。

四、重点难点

全国大学生数学竞赛参赛者为大学本科二年级及二年级以上的在校大学生，其目的是考查学生的数学基本功和数学思维。大二学生在全国竞赛开始的时候刚刚经历完大一的暑假，在一个暑假之后可能大部分高数知识点已经被遗忘。如果你觉得大二的课程比较繁重的话，你可以在大一暑假就进行系统的复习，这样开学后可能会轻松很多。但是大多数同学可能在假期期间有其他的安排，那么重点就在于回学校后是否能进行系统的复习。

由于放假，多数同学所学的知识已经模糊，所以开始的复习应该以架构知识体系为主，通过书本和笔记来进行知识的回顾，待体系清晰之后分块进行刷题。刚开始可以先从书上的题和笔记中的例题入手，不要认为这些题简单就不做，典型例题可以让你很好地复习之前的公式、定理。当大多数基础题已经熟悉后，你可以着手做一些难度较高的题目来锻炼自己的思维，譬如说我之前提到的《高等数学选讲》中就有一些较有难度的习题。多做一些有难度的题可以扩展你的思维。但是如果离考试比较近的话，你就可以放弃一些自己觉得很难攻克的题目，而把精力放在熟悉方法和熟悉公式、定理方面。考前把基础公式过一遍是很重要的，细节决定成败，不要因为记错公式而在考试时丢失分数。

五、心得感悟

在大学期间我也参加了很多的比赛、竞赛，但是其中数学竞赛给我的感触最深，它对我来说不仅仅是一场竞赛，更是历练。大一初来学校，一切事物都是新奇的，面对众多的选择，我们常常感到迷茫，不知道大学四年究竟会如何度过。所以在开始的时候我常常想应该如何规划我的大学生活，如何选择自己努力的方向。

而学习数学并参加竞赛让我明白了我们不应该仅仅迷茫，而是在决定想要努力的方向后持之以恒地坚持下去。为自己喜爱的事物奋斗且不断拼搏是值得欣喜的，而奋斗得来的成功是会令人感到自豪的。从对数学感兴趣，再到不断学习的过程中我收获的不仅仅是知识，更是一种精神。这既是拼搏的精神，也是坚持的精神。当遇到有挑战的题目时，我会不断地积极思考，当一个又一个竞赛来临时，我需要做好准备以迎接下一步的挑战。在这期间，我知道要完成目标就要合理地规划自己的时间，保持自己的学习进度，这些对于我其他课程的学习也是非常有帮助的。在长达一年半的学习历程中，我收获的不仅仅是数学知识，更是对人生的清晰规划。如果你有了目标，那就不要思考其中的困难，而是去计划行动，为自己的目标努力。

“不积跬步，无以至千里；不积小流，无以成江海。”坚持自己的兴趣，并为其不断努力。这是我在竞赛经历中学到的最重要的东西，学习数学让我学会理性思考，不断探索，不断进取。每一场竞赛对于我来说都是一场历练，从学校数学竞赛到市竞赛再到全国的竞赛，让我感受到了成功并不是一蹴而就的，而是一步一步走下来的。刚开始学习时遇到了很多困难，但是在老师和同学的帮助下，我逐渐找到了适合自己的学习方法，发现了数学带给我的乐趣，所以在每一次准备比赛时都是很快乐的。

大学期间的竞赛有很多，但我认为不应该盲从参加竞赛，你如果选择了参加比赛就要为之付出努力。另外，竞赛的结果固然重要，但是获奖并不是我们唯一的追求。通过竞赛你是否成长了，你学到了什么，这些都是我们通过其获得的宝贵人生经历。这段经历告诉我们，青春应该在拼搏中成长，应该在坚持中磨砺品格！

宋可馨:文科生的数学建模之路

专业年级:英语 2017 级
竞赛名称:2019 年“高教社杯”全国大学生数学建模竞赛
竞赛奖项:国家二等奖、辽宁省一等奖

第一次接触数学建模是在 2018 年数学建模校赛的时候。彼时还只是大二上学期刚开学,我还处于对大学生活似懂非懂的状态,也许是初生牛犊不怕虎,抑或是想要尝试下英语专业与数学建模的反差,于是我找到队友参赛去了。但当现在大学生活即将过去时,回想起当初的决定,我不由得庆幸万分。正是这一份不一样的经历,使我得到了极大的锻炼,不仅拓展了一个英语专业学生的思维与视野,更使我收获了一份珍贵的友谊。

一、数学建模竞赛介绍

首先用一句话概括,数学建模就是根据实际问题,使用相关的建模方法,建立数学模型并对数学模型进行求解,然后根据得到的结果去解决实际问题。

现在世界上有很多不同机构举办的数学建模竞赛,但是在世界范围内影响较大的主要有两项比赛。

一是由中国工业与应用数学学会主办的“全国大学生数学建模竞赛”(以下简称“国赛”)。国赛创办于 1992 年,每年一届,是首批列入“高校学科竞赛排行榜”的 19 项竞赛之一。2019 年,来自中国、美国和马来西亚的 1 490 所院校/校区、42 992 队(本科 39 293 队、专科 3 699 队)、近 13 万人报名参赛。奖项有:竞赛最高奖——“高教社杯奖”,MATLAB 创新奖、国家一等奖、国家二等奖、省一等奖、省二等奖,部分地区有省三等奖。

二是由美国数学及其应用联合会主办的“MCM/ICM”(以下简称“美

赛”）。美赛分为两种类型，MCM（Mathematical Contest in Modeling）和ICM（Interdisciplinary Contest in Modeling），两种类型竞赛采用统一标准进行。竞赛题目出来之后，参赛队伍通过美赛官网进行选题，一共分为6种题型，分别为：连续型、离散型、大数据、运筹学/网络科学、环境科学、政策。其奖项设置为：特等奖（Outstanding Winner）、特等奖提名奖（Finalist）、一等奖（Meritorious Winner）、二等奖（Honorable Mentioned）。

二、赛前准备

（一）比赛规则

在决定参加比赛后，首先要做的事情就是要对比赛的各项规则有一个全面的了解。以国赛为例，我们首先要了解它的题型都有哪些，以便于我们日后寻找队友时，作为一个参考来考查队友是否有相关的专业背景或者技能。其次是要清楚地记忆国赛的各种不同的时间点，以及相应要我们去做的事情。以2019年的国赛为例：①竞赛时间：9月12日18:00到9月15日20:00；②生成竞赛论文与支持材料的MD5码时间：9月12日18:00到9月15日20:00；③上传竞赛论文与支持材料的MD5码时间：9月12日18:00到9月15日20:00；④上传竞赛论文时间：9月15日22:00到9月16日20:00。还有很多跟比赛相关的信息需要我们去了解，这是参加一个比赛最基本的要求，对我们来说也是非常重要的一件事，关乎我们是否能及时提交论文等重大事项。在这件事上我们海大的数模指导教师们非常地尽职尽责，在每年的数模竞赛前都会为我们开设相应的动员会，并为我们提供了详尽的比赛信息，在此非常感谢老师们！我们要对比赛信息了如指掌，这样才不会在比赛时慌张地询问类似于什么时候提交论文这类的问题。

（二）队友配置

很多人在组队问题上有一些误解，认为一定要专业各不相同，男女比例协调，建模、编程、写作分工要明确。就我的经历来说，组队时应注意以下几点：

（1）专业合适即可。实际上队友的专业并不会在建模的过程中起到很大的作用，因为无论是国赛还是美赛，其题型虽然是相对固定的，但是题目涉及的知识面是非常广的，这其实也是数学建模的魅力所在，不局限于某些领域，而是着眼于我们的实际生活。

(2)坚持、合作是关键。数学建模竞赛的时间一般是 3 到 4 天,时间跨度比较大,而且往往因为题目相对较难,每年都有许多队伍坚持不下来,从而放弃比赛。这样一种行为无论是对队友还是对自己来说都是极不负责任的。同时,我们在比赛期间需要与队友通力合作,只有做到互相协作的队员才会有动力在难题面前坚持下去,在最累的时候能够相互打气。

(3)想法与实现。在建模过程中实际上应该只有两种分工:构建模型与实现模型。因为在实际的比赛时的分工其实并不是界限分明的,而且建模从来就不是一种分工,模型则更应该是从查阅资料与大家相互的讨论之中产生的。对于写作和编程方面的分工则可以根据队友的特长进行分配。

三、数模知识

在组建好队伍后就要为比赛做好知识上的储备了,我是从以下三方面做储备的。

(1)理论书籍。在这里推荐两本数学模型书籍:①《数学模型》,作者是姜启源、谢金星;②《数学建模方法与分析》,作者是 Mark M. Meerschaert。第一本书非常适合建模新手,内容编排上是国内教材的风格,按模型知识点分类,分了很多的部分进行讲解,面面俱到。第二本是典型的外国教材风格,从一个模型例子开始,娓娓道来,讲述数学建模的方方面面,其中反复强调的数学建模五步法,后来细细体会起来的确很有道理,看完这本书大部分的内容,就可以体会并应用这个方法了。我们可以在比赛开始前对一些常用的建模方法、算法等知识进行搜集,并且最好将其结合到历年的赛题中分析。

(2)工具书籍。在这里只推荐我们使用到的一本经典书籍——《MATLAB 在数学建模中的应用》,作者是卓金武。这本书里通过大量的例子,非常生动又详细地讲解了一些 Matlab 的经典应用以及相应的算法。

(3)历年的优秀论文。这一部分其实非常重要,因为我们能从一份优秀的论文中学到非常多的知识与写论文的技巧,比如论文的格式、论文中模型建立的过程与思想等。在比赛之前还是很推荐参赛者和队友一起研读一些论文并最好定期进行讨论与交流。

四、建模软件

其实有很多软件都可以用来辅助我们进行建模与解模,个人觉得只要专心用好几种自己擅长的软件即可。以下主要讨论编程类、写作类的软件。

1. 编程类

(1)Matlab。一般来讲我们会使用 Matlab 作为主要的编程工具,借助于 Matlab 平台繁多而强大的工具包,我们基本上可以完成极大部分的数模算法,甚至还可以使用其 Simulink 平台进行模型的仿真。

(2)SPSS。SPSS 主要用来进行统计分析,其内置多种统计学相关的分析方法,诸如相关性分析、聚类分析、时间序列分析等。SPSS 也有专门的绘图系统,可以根据所输入的数据绘制各种图形。

2. 写作类

(1)Word。对于微软的 Word 软件可能我们再熟悉不过了,但这种熟悉通常只限于平常把 Word 当作记事本等,但是我们真的会熟练使用它的基本功能吗? 例如,插入图片的版式之间的区别,页眉、页脚的设置,段落行间距,段前、段后的距离,分栏等。在图、公式、表格较多的论文上,排版稍不留意就会造成很大混乱。图片的嵌入方式、表格的样式、公式图表的引用等都是比较容易忽视的问题。如果能够熟练掌握 Word,那么它就是你手上的排版利器。我和队友在几次比赛中用的都是 Word,虽然 LaTex 的排版功能很强大,但是学习曲线太过陡峭,跟队友一番讨论后决定还是使用 Word。

(2)LaTex。LaTex 是一种排版系统,可以把它形容成一门"语言",它的一些特定的标识符对应着一个特定的样式,将样式进行组合就有了一个精美的模板。我们要做的就是学习一些基本的语法,对模板进行填充即可。但是 LaTex 的一个缺点是不能实时预览,必须进行编译才能看到最终的内容,还有就是配置一套自己顺手的 IDE 的过程可能比较烦琐。在网络上也有很多可以用于数学建模的模板,这样就省去了我们自己排版的麻烦。

五、赛中流程

以国赛为例,竞赛可大致分为以下几个阶段:

(1)选择题目。在拿到竞赛的题目后,首先应该跟队友一起研读 A、B、C 三道题目,在讨论的过程中,不断地使用文献搜索工具,例如知网,查找题目涉及领域的相关文献,一般来说,文献越丰富我们就越能从中找到解题的灵感。

(2)搭建模型。这一阶段需要队伍里面的三个队友通力合作,不断地进行建模方法的讨论,慢慢地产生建立模型的思路,并根据题目所给的问题尝试性地进行解答,同时可以开始进行论文的写作。

(3)求解模型。建立模型的这一过程中不能一味地追求速度,必须将自己的模型尽量描述得更有逻辑性。当模型初具形态的时候就可以开始准备进行模型的求解了,这时就是主要负责编程的队友上场的时候了,同时应继续完善模型以及进行论文的写作。

(4)完善论文。由于论文都是需要按一定的格式标准来完成的,所以在比赛的最后一天,要非常注意比赛规则中对论文内容以及格式的要求。

六、赛后收尾

当论文都完成后,要特别注意比赛对于论文提交方式的规定。每年都会有许多队伍由于在最后提交论文时出现了错误的操作,导致整个队伍几天的努力付之东流。

最后,希望学弟学妹们把握好比赛的机会,在不耽误专业课学习的情况下,在大学期间勇于尝试,不断积累经验,为自己的未来增添筹码,使自己成为更有竞争力的跨学科人才。

罗乔丹：科创论文发表心得

专业年级：能源与动力工程 2017 级
竞赛名称：全国大学生数学建模竞赛
竞赛奖项：辽宁赛区一等奖（对所选课题进行拓展研究，以第一作者身份在 Advances in Intelligent Systems Research 上发表论文）

俗话说："一次建模，终身受益。"参加数学建模比赛对于大学生的积极作用由此可见一斑。对于我个人而言，印象比较深刻的是参加全国大学生数学建模竞赛（以下简称"国赛"）的经历，这一次比赛我们队获得了辽宁赛区一等奖。出于对所选课题的兴趣，我和一位当时一同参赛的队友继续对国赛课题进行了拓展研究，并成功发表了题为"*Establishment and Research of Control Model of Check Valve Based on Difference Equation*"的论文，现已被国际期刊 Advances in Intelligent Systems Research 录用，将于 2020 年 7 月左右登刊，这也算是弥补了未能拿到国家级奖项的遗憾吧。下面我就参加国赛和论文发表做一些经验分享。

一、国赛经验总结

（一）参赛准备

考虑到国赛是在 9 月中旬举行，所以在和队友商量后，我们决定把暑假利用起来，三个人一起进行系统的学习。团队学习是非常重要的，因为数模比赛本身就是一个对团队合作默契度要求很高的比赛。队内成员在一起学习，不仅可以相互探讨，对知识有一个更深的理解，同时也能起到一个磨合团队的作用。我觉得数模比赛的准备主要可分为以下几个阶段。

1. 基础阶段

顾名思义，数学建模就是建立数学模型，因此，我们首先需要了解一些常用的数学模型。暑假期间,我们团队决定以司守奎的《数学建模算法与应用》以及姜启源等人翻译的《数学建模》来作为我们主要的学习用书。对于书中提到的每一个数学模型,我们至少要弄明白在什么样的情景下去应用,以及如何去应用。个人建议在每学习完一个模型后,就进行相应的练习,这样不仅能加深对模型的理解,还能提高运用熟练度。

2. 提升阶段

论文是竞赛结果的唯一体现,所以去精读及钻研往年的优秀竞赛论文(国一论文)是十分有必要的。往届选手的行文语言、论文格式,以及如何将实际问题进行简化假设,并导出最终的数学模型的建模思想是十分值得借鉴的。团队可以先尝试着做一做往年的国赛题目,当实在没有思路时,再去阅读往年的优秀论文,这样在思考后带着问题去学习优秀论文,会对题目和求解思路有一个更深的理解,同时也能提高团队成员之间的默契度。

3. 冲刺阶段

"工欲善其事,必先利其器。"了解相关的软件是十分有必要的。算法编程这一部分,学好 Matlab 就足够了。它的工具箱十分强大,很多初级算法都可以通过工具箱直接使用,当然类似神经网络这样比较复杂的算法,也可以使用类似 Python 这样的语言。论文写作这方面,推荐使用 LaTex 进行论文撰写,因为它在排版和美观程度上相比于 Word 来说更加有优势,但是相对于 Word 来说,LaTex 上手比较慢,因此团队中有两个人一同学习该软件比较好,这样可以避免比赛时,当写手遇到一些编排的问题,出现其他人无法帮忙的情况。关于图表制作,比较推荐熟练掌握好 Visio 和 Excel 的应用,特别是流程图的绘制,此外,也可以使用 Matlab 绘制一些图表。

(二)注意事项

有关国赛的注意事项,我觉得可以从问题理解、节奏控制、亮点突出、论文写作这几个方面去关注。

1. 问题理解

团队在选题时,一定要对所选题目有充分的理解,因为这关系到后续建模、写作等一系列工作的展开。团队在比赛开始前就要对自己所擅长哪方面的题型有一个认知,并在该题型上投入相对较多的精力,这样在比赛选题时,会更有针对性。

2. 节奏控制

我听说过有很多队伍在比赛时，由于在某一小问题上花费时间过长，而导致整个题目没有完成，因此比赛节奏的控制很重要。团队在比赛之前就要制订好计划，其中包括作息时间和每一小问题大致所用的时间。

3. 亮点突出

一篇论文要想被认可，那就一定要有亮点，单纯地生搬硬套他人的模型是肯定不行的。我们要结合题目实际情况，在他人研究的基础上有所创新。比如对所借鉴的模型或算法进行改动，或者更好的是运用机理建模的方法去分析问题，探寻问题的本质机理，通过自己的理解分析来解释题目中所涉及的各个物理量之间的数学关系，通过这种方法所建立起来的模型往往亮点较多，创新性较强。

4. 论文写作

论文写作是比赛最重要的一部分。团队在确定好大致思路后，一般先把问题重述写好，然后每建立一个模型，就写好该模型论述的相应的内容，千万不要把写作工作留到最后，因为那样时间会很仓促，同时写手对之前所建立的模型也没有那么深刻的印象了。摘要是写作中最重要的部分，评委一般根据摘要给论文划分档次，因此摘要一定要精雕细琢，反复修改。另外，论文排版与图表绘制一定要美观。推荐使用 LaTex 的原因就在于它能够自动排版，而且比较美观。

（三）重点难点

国赛时我们选的是 A 题，该题主要是解决高压油管中的压力控制问题。针对问题一，我们建立了基于差分方程的单向阀控制模型。首先通过拟合得到了附件三中弹性模量和压力的函数关系，利用该式和燃油密度与压力的关系，再根据题目中所给的油管流量公式，得出流入高压油管的流量表达式，并设定在一个周期内（100 ms）单向阀开启的时刻为 t，喷油嘴开启的时刻为初始时刻，取时间间隔为 0. 01 ms。最后通过建立差分方程模型，以高压油管内压强的波动幅度最小为目标函数，采用循环遍历算法求解。问题一是我们队做的比较出彩的部分，与大部分队伍采用微分或者偏微分不同，我们采用的是差分方程，比较具有创新性，也是亮点所在。美中不足的是，对于第二、三问，我们基本采用了与第一问类似的模型和算法，并没有做出更多的创新。个人认为本次比赛的重点是在第一问的求解上，因为二、三问的模型方法与第一问类似，只需要在物理量之间的联系和目标函数上做出变化。本次比赛最大的难点是模型的求解，因为我们建立的是差分方程模型，需要采取循环递推的方式求解，但是该题二、三问所涉及的变量极多，因此编程队员在写循环代码时很难理清关系。问题二中喷嘴开口面积随时间变化的函数也是难点，这一函数可以通过拟合的方式得到，但是误差较大，因此我们选取流通截面面积和喷油嘴处面积的较小值作为计算面积，这样和实际情况会更接近些。本次比赛中我担任队长，并负责模型的建立和论文的修改，个人感觉在第一问模型建立出来后，后面的工作就比较顺利，但是在论文修改时感触颇多。当时我就改了好几个小时摘要，整篇论文修改下来，可以说是相当疲惫，但是这也让我收获了很多，与队友的反复讨论、对细节部分的反复打磨等，这些都为我日后做科研工作奠定了坚实的基础。

二、论文发表经验总结

上文已经提到过，我们是在国赛的基础上对课题进行了一个拓展研究，不同于国赛的是，留给我们准备论文发表的时间比较充足，因此对于模型的构建和结果的处理会更加细致妥当，下面我就论文发表做一个经验分享。

（一）论文选题

选题是撰写好论文的首要环节。选题的好坏往往是决定论文成功与否的关键。要选好题目，应该做到以下几点：

1. 选题要符合研究方向

所选课题最好是本专业的研究方向或者是已经做过研究的、比较熟悉的研究范围。可以通过加入本专业导师的课题来明确选题，也可对之前做过的某个项目或者比赛继续加深研究。

2. 选题的价值性

研究课题在理论上要有开拓价值。凡是难以提出自己见解的题目，最好不要去选。

3. 选题的可行性

要在研究发现的范围内，根据所掌握的或可能掌握的资料，确定论文的题目。一方面要“小题大做”，而不要“大题小做”；另一方面要考虑题目是否缺乏实现的必要条件，如果资料很少，无法下手，也是不可取的。把握好这两点，论文就更易拓宽加深、写深写透，可以避免蜻蜓点水式论文的出现，在论文写作过程中也能做到得心应手。

（二）论文写作

1. 材料、观点和文字

材料是写好论文的基础，观点是论文的灵魂，文字是论文的外在表现。材料和观点是论文的内容，文字是论文的形式。将三者完美结合在一起，我们才能写出一篇好论文。材料来源于实验，实验设计的好坏直接影响材料获得的效率与质量。在实验室中利用仪器设备可以完成实验，也可以通过计算机模拟仿真完成实验，每一次实验的完成都是论文写作的材料。观点应明确、客观。每一次实验的结果都要有观点，与预期出现不符的实验结果也要有观点。从论文定题到结论，处处有观点，所以观点是论文的灵魂，是贯穿论文始终的。

2. 准备和动笔

论文写得好坏，关键在于准备。我们团队花了三个月的时间去准备论文写作，整个过程包括初期的广泛查阅文献，确定研究计划，中期的模拟仿真实验、处理数据、制作图表，后期的论文总体撰写，对细节处不断打磨。国赛时我们就已经完成了一部分初期工作，但是想要达到发表论文的水准是不够的，所以我们在国赛的基础上查阅了更多的文献，并做了一个拓展研究。国赛时，我们做出“管内油压和密度是均匀的”的假设，通过差分方程组结合 Matlab 去求解油管内油的压强和密度，在这种假设的基础上求得的油压和密度是不符合实际的，因为油管内的油压肯定是处处不同的，但是限于时间和当时所掌握知识的限制，我们也没来得及做进一步的深入研究。通过查阅文献以及结合我跟随老师所做项目的一些内容，我提出了运用 ANSYS 模拟仿真油管内的压强和密度，在油管内均匀地取几个观测点，通过比较不同凸轮转速，不同单向阀开启、关闭时刻下，各观测点的油压、密度随时间的变化，并构建每个观测点油压波动范围最小的多目标函数，再结合 Matlab 求解出相应的凸轮角速度和单向阀开启时间。

在制定好结合 Matlab 和 ANSYS 来对求解优化的研究计划后，接下来就是做模拟仿真实验、处理数据、制作图表了，由于所取的时间间隔点比较小，我们团队大概做了几千次模拟仿真，过程很艰辛，但是结果是令人满意的，所求得的各点的波动范围比原实验结果更小，整个油管内的压强和密度也更加接近于符合实际情况。

后期的论文写作工作很重要,因为前面的工作都是为写论文做准备的。论文不是在实验做完后才开始写的,而是在研究工作的全过程中都考虑着写论文。论文"题目"和"引用"是论证时各种思考的凝练。"材料和方法"是在找方法、建方法时形成的,写论文时只要如实叙述就可以了。如果只是着力于做好论文近期准备和中期准备,往往还不能写出上乘的论文,更多的还要看论文作者的长期准备,也就是学习阶段的准备了。这种准备是指对研究动态的掌握,专业基础的积累和逻辑思维、文字表达、分析综合等各方面能力的总体水平。学好专业基础课、积极参加比赛、广泛阅读相关文献、经常动手写作等都能为我们写出一篇好的科创论文奠定坚实的基础。

(三)投稿与发表

1. 第一作者和通信作者的区别

通信作者通常是实际统筹处理投稿和承担答复审稿意见等工作的主导者,也常是稿件所涉及研究工作的负责人。第一作者是发表论文的最主要参与者。

2. 作者地址的标署

应尽可能地给出详细通信地址和邮政编码。有两位或多位作者,则每一不同的地址应按论文中的先后顺序列出,并以相应上标符号的形式列出与相应作者的关系。如果第一作者不是通信作者,作者应该按期刊的相关规定表达清楚,并提前告诉编辑。期刊大部分以星号、脚注或者致谢等形式标注通信联系人。

3. 选择投稿途径

目前投稿有两种途径,一种是直接向杂志社投稿,另一种是委托代理投稿。杂志社投稿,可以在CNKI(中国知网)或者WOS(Web of Science)上物色合适杂志(出版物查询),按照投稿须知投稿给编辑即可。一种是直接通过邮箱,另一种是通过官方投稿网站,收到用稿通知书后交版面费即可。代理投稿是指找一些机构帮忙投稿发表,选择机构时,一定注意不要上当受骗。我当初是联系了我们学校的小海保研机构,里面都是我们学校的学长,所以如果没有指导老师帮忙投稿的话,可以联系自己觉得值得信赖的机构进行辅助投稿。

(四)心得体会

对于本科生来讲,发表一篇论文挺不容易的,一般来说,本科生自己较难发现好的选题和研究方向。想要发表论文的同学可以找导师看看有无课题可以参加(有课题基本意味着有论文的产生,直接联系导师,表达自己想学习、想帮忙的心意即可),如果没有,那么可多在自己所参加过的比赛上下功夫。

选题最重要的是“新”,包括新知识、新理论、新研究角度和方法、新材料与新结论,一般选择跨学科的主题容易创新。另外,选题还要注意选择中观层面的题材,太宏观的题材不好把握,太微观的题材也意义不大。选题要有学术和现实依据,并了解前人研究到了什么程度,如果认为这个问题是自己不能解决或无新意的,应及时转换方向。写文章时切记通篇引用他人的文章,简单堆砌各家观点和想法或简单论证其观点正确与否,唯独缺乏自己的见解。

每个杂志都有其重点关注的领域或不同的风格与定位,甚至有的编辑部明确要求每一期的内容。同样还有一些较高级的刊物默认第一作者为博士或副教授或要求有基金项目等。那么如何事先了解呢?可询问导师和学长,查阅该刊物往期文章,查阅“约稿”或“投稿须知”,直接打电话/发邮件给编辑部,上网检索(学术科研第一网站 http://emuch. net/bbs/;人大经济论坛等)。

本科生发论文可先遵循“从无到有,从少到多”的原则。论文要拒绝低级错误,文从字顺,逻辑严密(最简单的逻辑“是什么”“为什么”“怎么样”)。静下心来,不浮躁,长期积累,实践出真知。

考研保研篇

李保:保研经验分享
(北京大学)

专业年级:轮机工程(陆上专业)2016 级
升学院校名称:清华大学医学院
升学学科或研究方向:生物医学工程
升学方式:保研

一、个人基本情况介绍

(1)GPA 和排名:4.15/5.0,学习成绩 2/77,综合排名 1/77。

(2)英语:CET-6:522。

(3)科研经历:①大连海事大学微流控芯片实验室;②清华大学医学院暑期研修。

(4)获奖情况:获包含 14 项国家级奖项在内的 32 项科技创新奖项、5 项省市级奖项荣誉在内的 24 项荣誉称号。

(5)学生干部、志愿服务经历:中国共产党党员,连续三年担任中队科创委员,大三兼任校德尔塔学社主席、兼任院学业辅导与咨询中心副主任。曾参与暑期支教、支部-社区联合活动多项,曾获 2018—2019 学年大连海事大学十佳大学生、辽宁省优秀大学生党员荣誉称号。

(6)保送清华大学医学院学术型硕士。

二、保研流程介绍

保研流程一般可分为早期准备、夏令营、九月推免环节三个阶段。

(一)早期准备阶段

从你定下保研的目标直到保研当年 5 月份,其间所要完成的工作主要为方向选择、学校调研、材料准备、联系导师。

(1)方向选择:选择你最感兴趣的方向,不要盲目、草率地选择。就我个人而言,因为我本科阶段的科研重心是微流控芯片,它是属于生物医学领域,所以我的选择方向小范围是微流控芯片,大范围是生物医学工程。

(2)学校调研:方向确定了之后,我对全国做微流控芯片研究的各个学校的各个课题组进行调研。主要是通过:任一领域内重要会议的与会人员名单(挨个进行搜索,因为能参加会议的都是领域内影响比较大的老师)、知乎关键词搜索、各大高校学校网站(顺序:院系—方向—老师)、询问本科所在实验室的老师和学长。

(3)材料准备:所需的材料主要有简历(突出自己的特点、能力、掌握的技能,框架可以是:基本信息、科研经历、科研成果、奖项荣誉),科研成果扫描件(论文全文、论文接收函、专利受理书和专利授权书),个人陈述(第一人称,分为 1 000 字版本、2 000 字版本),自我介绍 PPT(分为中英文版本,3~5 分钟时长,重点介绍自己参加过的科研项目和建模情况,再把自己其他亮点介绍出来),成绩单扫描件(保研时是前 5 学期的成绩),成绩排名证明扫描件(分为 B 分成绩排名,含 A、C 分的综合排名),英语四、六级证书扫描件,各类获奖证书扫描件。有些学校也需要身份证和学生证的复印扫描件、本校老师的推荐信(北京大学是三封,其余高校一般是两封,找任课老师或本院系老师准备)。

(4)联系导师:到各个学校官网找到老师的邮箱,发送邮件进行询问:邮件中要表示出自己对其课题组特别感兴趣,特意发邮件来询问是否有招生名额;邮件附件可以附上简历、个人陈述、科研成果合集、获奖证书列表、成绩单和成绩排名证明等资料。(顺序即为重要程度,老师没有太多的时间去看你的信息,所以只需要添加你的优势证明材料即可,我每次都是附上简历、个人陈述、科研成果和获奖列表。)

(二)夏令营阶段:五月—七月初报名、六月底—八月初参营

关注一下多个公众号进行信息的收集:现在有许多有关保研的公众号,如保研论坛、易保研、保研人、保研等,一般各个高校有报名信息的时候,这些公众号都会进行推送。一定要留意意向学校的研究生招生网和院系的通知公告栏,很多院系的招生信息都会在这两个部分进行公布。想要保研的同学要用一个 Excel 表把所有信息进行汇总(包含意向院校、意向老师、各个老师研究方向、招生情况、邮箱等联系方式),在进行信息收集的时

候也可以让自己多了解领域内不同的研究方向,也可以让自己更清楚地了解领域内的其他高校的具体研究方向。

(三)九月推免阶段

如果夏令营期间没有拿到合适的录取通知,或者想再冲刺一下更好的学校的话,就要留意好各个学校的招生通知了,一般只需留意你意向学校的研究生招生网即可。流程是:报名九月推免,参加复试,拿到录取通知,确定拟录取,填报全国推免系统,接收预推免。

上面只是形式上的保研流程,但其实保研的准备应从你大一一开学就已经开始了,早做打算是很重要的,要多去接触自己想做研究的方向,找到自己的兴趣所在。就以我自己而言,我从大一到大三一直都在寻找自己的方向,寻找自己的目标,并不断地充实自己,给自己增加砝码,所以才能收获到自己想要的结果。

三、保研着重看的学生能力

(一)GPA 和排名(排名只分两种:前三名和剩下的)

在原专业或者相近专业继续深造时,要多注意专业课程的基础知识,相关课程最好都是 90 分。因为在进行面试的时候,老师会拿着你的成绩单随意挑一门课来问你相关基础知识点,学得好的话老师会问你具体的学习感悟和心得;学得不好的话,老师就会问你为什么没考好,觉得这门课难在哪,等等。

如果是跨专业进行深造的话,一定要自学所跨专业的相关课程。这样做既能学到很多知识,也会帮助你找到自己感兴趣的研究领域。另外,在面试时,当老师问到是否自学过相关课程的时候,自学过相关课程也是加分项。

(二)英语:想去好学校,四、六级考试分数要在 500 分以上

因为很多学校夏令营都明确要求报名者六级分数要在 460 以上。要学习专业英语,阅读英语报纸,并把专业词汇都抄在本子上,这会对自己复试时的专业笔试有很大帮助。不要忽略口语的练习,这一点很重要!你去参加夏令营,就会发现南方学校的学生英语口语普遍很好。复试面试也要求要全英文的自我介绍,或者用英语回答提问,此时,英语口语好就是很重要的加分项了。

（三）学生干部和志愿服务工作

担任学生干部、参加很多志愿服务活动会展现出一个更加立体的你！另外，在面试时，老师对党性教育、党的相关知识也会有相关提问。

（四）竞赛：分为创新创业竞赛和建模竞赛

针对创新创业竞赛，要多和身边优秀的人交流，多向他们看齐，有机会就一定要参加各类比赛。这是因为除了获奖等硬性成果之外，你还能见识到全国各地其他学校的学生是如何度过自己的大学生活的！针对建模，要是没有科研成果的话，就要多参加国赛建模、美赛建模比赛，将其作为科研经历放在简历里，丰富自己的经历。

（五）科研：这部分是最重要的

专业课成绩和英语是敲门砖，学生干部与志愿服务和竞赛是锦上添花，它们能决定你保研的下限，而科研却能决定你保研的上限。

在科研方面可以从三个方面丰富自己的经历：

其一，参与导师的项目（863、973、自然科学基金、国家重点专项等等），要清楚为什么做这个课题，具体是怎么做的，别人针对这个问题是如何做的，接下来会有哪些发展方向。

其二，在导师课题组做自己的独立课题，最好可以有成果（论文、专利），这一点很重要！有的话是加分项，没有的话也不用太过紧张，只要你在这个题目里面做了实事，有自己的思考在里面，面试时老师就不会在意你有没有独立的成果。

其三，参加会议：如果有科研方面积累的话，在有机会的时候可以试着做口头展示。在会议上尽可能多地认识优秀的老师或者是优秀的本科生，多和优秀的人交流，鞭策自己做得更好，并且能帮助自己定位，让自己在相关领域形成系统的认知体系。

要记住：（1）专业课成绩和英语是基础，它们决定你保研学校的下限；科研对理工科是重中之重，决定你保研学校的上限；学生干部和志愿服务能让你更加立体和全面。这五者之间没有谁比谁更重要，你只要还有时间和精力就最好全面发展，围绕着这五个方面对自己进行打磨。（2）你要去的课题组老师的研究方向一定是你熟悉的，那么从导师的角度来看，他们对学生的评价标准是什么呢？一定是能力。另外他们也更希望你能在确定来他们课题组之后，可以立马上手工作，而这一点需要你既要有很强的实践能力,又要对这个领域有自己的认知体系!

四、你从现在开始,都需要做什么?

我觉得 Capacity 这个单词非常好,既有“能力”的意思,也有“容纳、包含”的意思,这就意味着,不管前期怎么去准备,你的目的就只有一个:让自己更加立体,肚子里有“货”! 简单地说就是要让自己实力更强、更有竞争力,你才能在这场保研大战中获得自己想要的结果。

在这里,又可以从以下两个部分进行自我提升:基础部分和提升部分。

(一)基础部分

(1)想让自己变得更加有竞争力,你的 GPA 和英语水平一定是必需的条件,是最基础的条件。其一是为了让自己获得保研资格,其二是让自己所能触及的门槛更高。有一个好的 GPA 和英语水平能让你保研的下限门槛更高(因为你报名清华大学、北京大学、复旦大学、上海交通大学、浙江大学的夏令营或者九月推免时,第一轮都会有材料筛选这一环节,筛选材料的时候,第一眼看的就是你的 GPA 和英语成绩,若没有达到规定线,即使你的科研实力和其他实力再强,也不一定会过这一关的初筛);但是,也不要过分地追求你的 GPA,因为你想把你的 GPA 从 4.3、4.4 提高到 4.6、4.7 还是需要花费很多时间和精力的,这就一定意味着你要压缩其他活动的时间,不一定对自己综合提升帮助大,具体还要大家根据自己的情况合理把握。

(2)没有科研成果的话,赶紧去找合适的实验室去做课题研究吧。大一、大二的学生还有时间可以去补充摸索,但是对大三的学生而言,再不做就真的来不及了! 从刚上大三算起,剩下的做科研的时间也就只有大三上、下学期一学年和寒假这段时间,基本上大三下学期也做不了太多,所以算下来,就只有大三上学期和寒假两块时间了,时间真的不多了! 有成果最好,没有成果也没关系,要有自己的思考、自己干的活在里面! 在面试时,从你的描述里老师就能看出来你是不是真正干过实事,所以一定要踏实地干点实事。

(3)各种学生手册上的比赛和网站(如我爱竞赛网)上的比赛,能参加就参加吧!

(4)学生干部、志愿服务等有机会就去做,充实自己,让自己更加全面,也能帮助自己形成一个很好的定位,更坚定地确立人生目标。

（二）提升部分：形成自己对这个领域的认知体系！

希望保研的同学可以在自己的平时实验室工作之外，关注各种公众号，查看一些领域内的相关推送，或者多下载一些综述类的文章阅读。

（1）对读研方向为原专业、原领域的同学：扎实专业课学习，尤其是一些非常基础的知识点；多看一些评论、综述文章。

（2）对读研方向为跨专业、跨领域的同学：一定要有科研经历，你才能有底气说自己对所跨专业感兴趣；然后一定要多看文章，自学所跨专业的相关课程。

五、联系导师

导师的回复一般分为两种形式：

消极回复是没有回复或者回复欢迎报考但无任何评价的。对给予这种回复的老师，你基本就可以放弃。如果确实想去，可以多次发邮件进行询问。

积极回复是加评价的，比如，“你的成绩很好”“你的材料很好”“你取得的成就很不错”。收到这样的回复意味着基本都有机会，如果想去，你可以继续和老师保持联系。

时间节点：考研确定导师之后到夏令营前两个星期这段时间之内，夏令营后到九月推免前。联系导师最好是在四月初到五月底，因为六月份基本大家都在联系导师，导师的回复一般是“欢迎报考夏令营，届时面谈”。

张轩豪:保研经验分享
(北京大学)

专业年级:应用物理 2016 级
升学院校名称:北京大学物理学院
升学学科或研究方向:原子核物理与粒子物理
升学方式:保研

现在距离我自己保研成功已经过去了快一年了,当时我定了四所目标学校——北京大学、清华大学、中国科学院高能物理研究所、上海交通大学,最终保研到了北京大学攻读博士。新的一轮保研历程即将开始,我将在下文中和大家分享一下自己的保研过程和保研心得,但是学弟、学妹们要记住,每个人的实际情况都是不同的,我的经验与心得只能作为参考,希望能帮助到大家。

保研的流程是怎么样的?

大家可以参考一下下图,它几乎概括了保研的整个流程,而且清晰明了。

从图中可以看到,在整个保研过程中,我们主要有两次获得录取通知的机会,第一次机会是在夏令营,第二次机会是在九月份的推免(下文称为“九推”)。有些学校会有提前面试,比如南京大学的物理学院,也有些学校有预推免,这些信息都要通过关注各个学校的动态来获取。显然,大家应当把重心放在保研夏令营或者提前面试上,据以往的经验,高校招生的人数是固定的,所以参加较早举办的活动,获得录取通知的概率就会相对越大一些,当然也不排除特殊情况。大家还要注意一点,拿到录取通知之后并不意味保研结束了,还要去国家推免系统中进行填报,研招网对应的网页显示你已经被学校拟录取,这才是我们保研之路的句号。当然,大家在大四还要继续保持初心，不能挂科，毕业设计要在良好以上，这样才能顺利毕业拿到录取通知书。

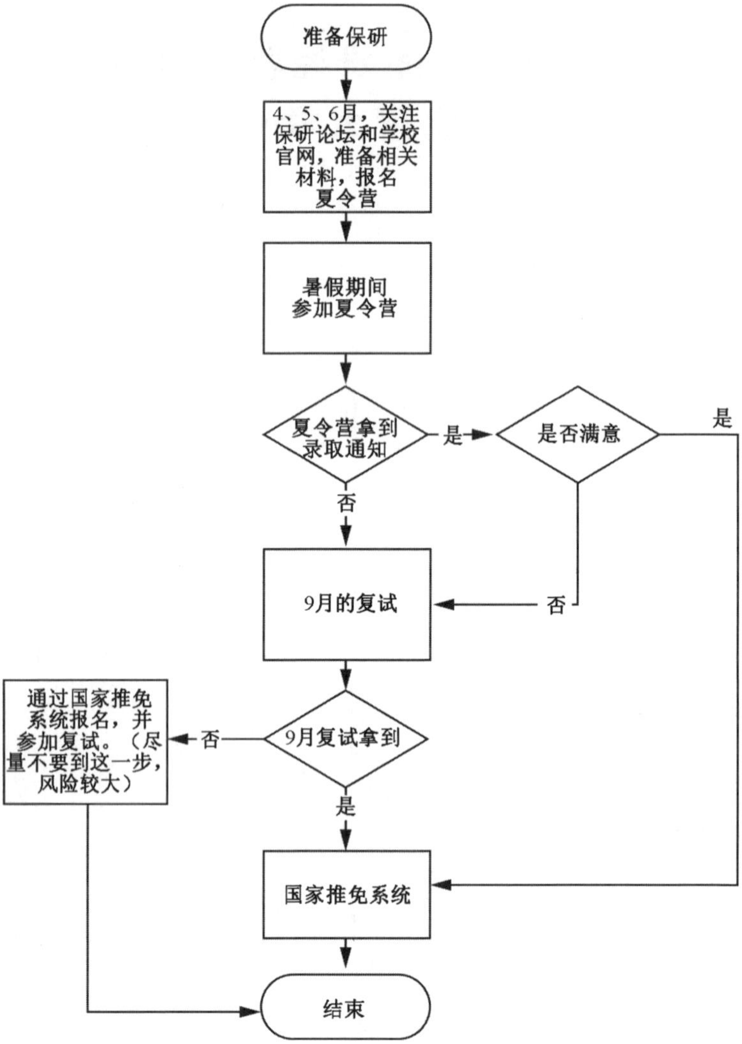

一、保研种类

最主要也是我们接触最多的保研种类是直博、学硕、专硕，在这方面学弟、学妹们主要纠结的是读博士还是硕士。当然有些时候，你看上了某所高校的某个项目，而它只招博士生，又或者某些老师只招学硕，那你就省去了选择的烦恼。我来对有烦恼的同学们说明一下，要强调的一点是，这两个没有高与低之分，不要抱着区分孰强孰弱的心态去做判别，选择的时候一定要注意的一点就是，适合你的才是最好的。学术型硕士和专业型硕士，一般来说需要两年半到三年的时间毕业，毕业要求相对博士的毕业要求要简单一些。读学硕的同学大都是为了去更好的平台读博，也有些同学是为了找待遇更好的工作，那么要注意的是，和我们现在保研的时间节点一样，即大概离毕业还有一年左右的时候，就要开始准备毕业后的去向了。博士研究生的学习时间一般是5~7年，相对于硕士生，导师们有时候更倾向于博士生，通常一个实验室里的顶尖技术往往都是由博士生来掌握的，毕竟你从开始读研究生起，就有了自己需要研究的方向或者课题。事实上，真正长时间地投入实验室工作，你和导师就更易建立起师徒的关系，并且你们相处的时间也足够长，导师可以系统地培养你。因为我目前还没有进入到研究生生活，具体是怎样的我还没亲身经历过，我只能将听到的和了解到的情况写出来，事实如何还得大家自己体会。还是那句话，大家的具体情况都是不同的，就像在本科学习生活中，每个人都有自己的特色，都有适合自己的状态，所以研究生还是一样，没有固定的模式，还是需要靠自己去创造属于自己的研究生生活。

大家可能会好奇："说了这么多，你还是选择了读博士研究生，为什么呢？"事实上，我就是没有烦恼的那种，我从高中的时候就想当一名物理方面的大学教授，所以我肯定要走学术这条道路，而且北京大学物理学院的高能物理实验组只招博士，一切似乎都那么符合我的梦想，何乐而不为呢。

二、保研材料

需要准备：各种证书和成绩单、个人简历、个人陈述、专家推荐信、英语成绩证明。

证书包括奖学金的证书、各类比赛的证书和专利证书。我会把自己获得的证书分类，这样能让自己清楚地知道我哪方面有什么样的奖项，其中哪一项是我的亮眼的加分项。

这些材料需要扫描成电子版，扫描回来后自己务必将所有的电子版转化为PDF格式。扫描完的获奖证书要多打印几套备用，因为有些学校要求邮寄材料，那么你的奖项证书也需要打印一份，我当时做了一个汇总，把各个奖状的图都缩小，并列排在一个版面上，这样打印出来放在材料中，可以让考核官在具体看材料之前先浏览一遍。记住，每一个大类中奖项按照重要程度排序！不要按时间顺序排，这样会隐藏你的突出项，不是每个老师都有耐心把你的奖项翻看完的。

身份证扫描成电子版时，需要正面的一张、反面的一张、正反面在一起的一张，以备不时之需。证件照要得体，不用化妆或者修图过度，但一定得看起来是经过精心准备的。

另外，所有材料要记得备份，这样可以在最大程度上防止在关键时刻出问题。

申请表、个人陈述如何写呢？申请表其实非常简单，一般学校都会有固定的文件，你就按照所投报学校的文件里的要求逐项填写就行了，我这里重点说一下个人陈述。

核心思想：含蓄地表达自己是一个人才。

在写个人陈述时，学弟、学妹们还是要把控住度，要含蓄地说自己是个人才，也要点到为止，要有实实在在的东西让老师看见，以1 500~2 000字为宜。

专家推荐信如何获取？写专家推荐信时要提前和老师联系，绝大多数时候是老师让你自己写好草稿，然后递交给老师审阅，让老师修改一下，如果老师和你联系很多且关系不错的话，可能会亲自写推荐信。

估计大家准备专家推荐信时需要花费的时间很长（除非你的文笔很好），因为你需要不停地改，而且要以老师的口吻去写，不能一味地夸自己，要学会辩证地分析问题。要写上缺点，但是这个缺点一定是无关紧要的或是可以改正的，不会给人留下不好的印象。

我们应该投报几个学校？经历过保研，我也有了自己的想法。我当时的做法是广撒网，但我现在的主张是投报的学校不要太多，否则容易精力不够，而且你要问问自己，当我们把目标院校分个等级，除了保底的和你愿意冲刺的学校，中间的那些学校你真的愿意去吗？与其广撒网，不如将精力花在冲刺的学校上，这样也能让那个学校的老师感受到你的热情和勇气。

什么时间去联系导师比较合适呢？首先要看你要攻读的学位和所想去的学校的具体要求，有些学校是进入学校后再联系老师，那你提前去联系老师就是白费力气。但想要读博士研究生的同学是一定要提前决定导师的。我个人觉得联系导师要尽量早一些，等到再晚些，很多学生都陆陆续续联系导师，留给你的空间就比较小了。那么怎么联系导师呢？最重要的是不要害羞，无论你通过何种途径找到了这位老师的联系方式，先发邮件给他，介绍一下你自己的基本情况，以及强烈的报考意向，等待老师的回复，如果老师没有回复，你再发一次邮件。如果两次都没收到回复，你也可以再试试，这时候就看你自己对成为这名导师所带的学生的坚定程度。要懂得“鸡蛋不能放一个篮子里”的道理，要给自己留好后路，多联系几位心仪的导师，但不要联系好了最后却放弃了这位导师，这样会影响下一届学生的保研。

关于联系导师的邮件内容，我认为就是把自己最突出的特点写出来即可，不用长篇大论，当然还要把你对研究方向的热爱以及想要追随的意愿表达出来，要让老师能感受到你的认真与热情。在选择导师的时候要注意，尤其是选择博导，要看看老师对学生怎么样，近几年发表论文的情况如何，发表论文的时候有没有把他的学生的名字加进来，因为这些都能反映一个老师对学生的态度以及近年来的科研状态。

正式推免了该做什么？我自己在夏令营期间就已经确定好学校了，所以我对九月份的推免不是很了解，但其实九推就跟夏令营一样，清华大学和北京大学那样的高校一定要提前联系导师，最好能当面谈，剩下的就是好好准备你自己的材料、简历、专业课，在这里说明一下，要根据你投的实验室的研究方向重点看几门专业课。

在准备充足的前提下，整个保研过程就是一场信息战！这很考验一个人的信息收集能力，最重要的就是要收集各学校及老师的招生信息。根据我现有的经验，大家也要多关注交叉学科以及名校的分校或者研究所，例如清华大学的深圳研究院，因为投报这些地方所面临的竞争可能会没那么激烈。总之，戒骄戒躁，既要细心、耐心，又要快、准、狠。

米瀛：自信+实力+尝试+运气=保研成功（清华大学深圳研究院）

专业年级：轮机工程（英语加强班）2016级
升学院校名称：清华大学深圳研究院
升学学科或研究方向：土木水利
升学方式：保研

现在是2020年的3月，去年的这个时间也正是我保研前的最后一个学期开学的时间。对我来说，分享保研经验很难，因为我心里有很多话想说，却又不知道该如何表述，也不知道从何说起。回顾这一路，在我看来，保研成功主要是靠这四点：自信、实力、尝试、运气。接下来的内容我主要围绕着这四点来写。

一、自信

不得不说的是，在去年的这个时候，我是很迷茫的。我有一些科研经历，但相比于那些优秀学生而言，我的这些经历可以说是不值一提；英语六级考试已过但是分数却并不算高；已经是保研的最后一个学期，却不知道这时候应该做哪些准备。最糟糕的是，我发觉我的自信心在被一点一点地磨灭。幸好这时候，我询问了那些已经保研成功的学长，从他们那里了解到，保研其实是一场持久战和信息战。于是，我开始疯狂地查资料，我把我想去的那些学校和专业列了一个清单，然后利用我能得到的一切资源去做相关的准备，例如之前认识成功保研某所我感兴趣学校的学长，我就直接加他们的微信，去询问保研成功的经验；而对某所我感兴趣却没有认识的人就读的学校，我就会通过学校官网和一些微信公众号了解近几年的保研情况。正是在信息收集的这个过程，我的自信心逐渐提升，也让我在之后真正的“战役”开始前做好了准备。

在提高自信这一方面,我给大家的建议是:如果自信心不足,要学会和父母、朋友等一些你身边亲近的人进行沟通。我们每个人都会遇到困难和挫折,而这时候如果有他人的鼓励对我们自信心的提升会是极大的帮助。

二、实力

其实实力和自信是息息相关的,实力的提高会让我们有更强的自信,而充足的自信也会让我们的实力得到更好的展现。

我认为,做保研准备的一开始是要充分了解自身的实力,也就是要明白自身的优缺点,发现自己的优势和不足。如果你科研经历太少,在决定好以后的研究方向后便可以尽快联系本校的实验室进行学习;如果你英语不够好,就要充分利用这几个月的时间进行提高,尤其是英语口语表达能力。

了解了自身的实力,我们才能做出更好的选择。制作简历时展示出自身的闪光点,参加面试时把自身的优点尽可能地向老师展现出来。

三、尝试

尝试是很重要的,因为前期的准备再怎么充分,终究不过是纸上谈兵,只有真正地参加几次面试,我们才能不断地积累经验,不断地提高自己。

我还记得我参加的第一个面试是上海交通大学机械学院来大连的宣讲会。其实上海交通大学是一开始我最想去的学校,而且在参加面试前我自认为准备得还算充分。但是当面试真正到来时,我才发现自己还是差了很多。现在回想起来,自己的第一次面试经历可以用一个“惨”字来形容,老师问的很多问题我都回答得不好。正所谓“纸上得来终觉浅,绝知此事要躬行”,只有真正地亲身经历后,我们才能了解老师所关注的问题,我们才可能从老师的角度去理解这些问题。正是有了第一次失败的经历,我才能在之后的面试里取得成功。

通过我自己参加过的保研面试的经历,我总结了老师常会问到的一些问题:你的科研经历(主要是你做的这个东西是什么,你在其中做了哪些工作,你从中收获了什么);英语(可展开的层面太多了)。另外,面试老师还有可能会问的一些问题:专业知识、学校工作(实习经历)、为什么想来这所学校(为什么想学习这个专业)。在常见的问题之外,还有一些问题可能是老师随机想到的,这一方面是无法提前做准备的。所以如果有的问题你不知道如何回答时也不要紧张，诚实地告诉老师，老师对诚实的学生格外有好感。

四、运气

成功保研是需要运气的。以我自己为例，我在报名清华大学深圳研究院时并没有做好足够的准备，因为当时刚刚经历过上海交通大学面试的失败，对自己缺乏足够的信心，但是朋友让我报名尝试一下，我才鼓起勇气报了名。我本以为初审都难以通过，但最后竟然顺利走过了全程，回想这一路还是十分幸运的。

告诉大家运气这一方面并不是想说运气是成功的必需品，而是对我们以往准备的一种加持。当我们有了足够的自信，通过前期的积累让自身的实习提升到了一定的水平，有了尝试后得到的经验，运气自然而然地就站在了我们这边。

最后，祝愿还在保研路上不断前行的学弟、学妹们都能获得成功。

许超:保研经验分享
(上海交通大学)

专业年级:轮机工程(英语加强班)2016级
升学院校名称:上海交通大学机械与动力工程学院
升学学科或研究方向:能源动力
升学方式:保研

我在2020届全国高校推免生招生工作中报名了上海交通大学机械与动力工程学院、北京航空航天大学能源与动力工程学院、哈尔滨工业大学能源科学与工程学院、西北工业大学动力与能源学院。除去因考试时间冲突未能参加西北工业大学动力与能源学院的夏令营外,均拿到了其余三所院校的录取通知。我最终选择上海交通大学机械与动力工程学院叶轮机械研究所,师从饶宇教授,从事先进燃气轮机/航空发动机气动、传热与冷却技术的研究。以下是我在保研过程中的经验:

一、院校及研究生学位的选择

建议提前选择研究方向,在此基础上选择院校。如果只有一个粗略的研究方向,可以进入各学校官网查看各个导师的研究方向,以帮助自己找到更精确的研究方向。在确定了研究方向之后,建议依靠第四轮全国高校学科评估结果确定选择的院校,另外应综合个人的主观意愿(例如气候、城市等因素)进行选择。对于希望将来从事科研工作的同学,切忌单纯依靠学校综合排名来选择院校。

研究生学位的种类分为学术型硕士学位(下文简称“学硕”)、专业型硕士学位(下文简称“专硕”)和直接攻读博士学位(下文简称“直博”)。学硕和专硕在课题组内的作用区别不大。在继续深造方面,学硕更有优势，因为学硕可转为硕博连读培养；在直接就业方面，专硕更有优势，因为专硕培养方案中存在半年至一年时间不等的企业实习方案。要慎重选择直博。按我的理解，选择直博的是在本科阶段经历了非常正规的科研训练并对研究有自己的认识，很坚定地要攻取博士学位的同学。应注意在直博的过程中，你不会被授予硕士学位。

不同院校的招生形式不同，例如上海交通大学机械与动力工程学院的学硕就以硕博连读的方式招生，在报名时找不到学硕这一招生方式(一共四个选项：统考硕士、推免硕士、硕博连读、直博)，如果报名推免硕士则为专硕。应确定所报专业是学硕招生专业还是专硕招生专业，这主要依靠专业代码进行判别。085206 动力工程是专硕专业，080700 动力工程及工程热物理是学硕专业。若你选择的专业代码是 085206，那就默认你报的是专硕专业。

二、材料准备

招生通知的获取渠道：建议去意向学校的研究生招生网或学院的官网，将通知信息一栏翻至 6—7 月即可看到夏令营信息，翻至 9—10 月即可看到九月份推免招(下文简称“九推”)的信息。除院校官网外，一些公众号及网站(保研论坛等)也会定期发布信息。一般可以参考历年的材料要求确定需要提交的材料，具体参考招生通知的有关附件。

在具体材料的撰写方面，一定要本着实事求是的态度。面试时老师对你的认识仅来自你提交的材料，所以提问的问题也会根据这些材料而来。对于材料中的项目经历等一定要熟悉，自己不擅长的课程也不要写到材料中。应当充分准备中英文的自我介绍，并能够根据要求自主调控自我介绍的时间(面试过程中老师会要求自我介绍的时间)。以我个人的见解，在保研过程中，招生老师对能力指标的重视程度排名如下：GPA(或专业排名)>英语能力(CET-6、IELTS、TOEFL 等)>科研经历(论文)>科创竞赛>学生干部经历或社团经历，所以撰写材料时要突出重点。招生老师很看重科研和科创竞赛的经历，所以也可以把没有得奖的科研和竞赛经历写入材料中，一定要在材料中突出自己在项目中所承担的工作。

三、选择与联系导师

在读研阶段，选择导师较选择院校更为重要，可以从论文、科研项目等各方面选择导师，在选择导师的过程中也需要关注导师的科研平台(如双一流建设专业、国家重点实验室等）。要根据自己未来的发展规划选择导师，如果自己有意从事科研工作，可以着重选择承担纵向课题（例如国家自然科学基金项目）数量较多的导师；如果自己将来并非从事研究型工作，可以着重选择承担横向课题（例如校企合作项目）数量较多的导师。

一般通过邮件联系导师，联系时间尽量早于夏令营的开营时间，并通过邮件向导师说明自己所希望攻读的研究生学位的种类（因为导师的名额有限）。如果有机会尽量与老师见一次面，这样可以让老师对自己有一个全面的了解，见面的同时也可以通过课题组其他研究生侧面了解一下老师。

四、面试

问题类型：面试包括自我介绍及老师提问部分，我参加的三所院校的面试均包含英文面试，即老师用英文提问、学生用英文作答。老师提问的问题大多来自你提交的材料，如果老师对材料不感兴趣则会提问相关的专业课知识。专业知识不是必问的（例如在上海交通大学机械与动力工程学院的面试中就没有问到专业课知识）。如果你提交的材料中有科研经历的部分，则有很大概率会被问到相关问题。面试中的英文问题都不会太深入，可以提前准备一些日常的口语话题（例如介绍你的家乡等问题）。

面试中的技巧：很多人在面试中都会被动地回答问题，实际上完全可以化被动为主动。将你擅长的部分写在简历和递交的申请材料中，因为面试老师只能从材料中了解你，故会问你与材料相关的问题。另外，面试过程中一定要实事求是，很多人为了"充实"自己的简历而在面试中翻车（不要给自己"挖坑"）。如果面试中老师问的问题你有思路却不知道答案的话，可以阐述你的分析过程（如"抱歉，虽然我不知道这个问题的答案，但是我是这么想的"），在这个过程中能让老师认为你有一定的逻辑思维能力。面试时一定要有自信，并与各位老师都保持眼神交流，而不是只盯着某一位面试老师。

五、其他

为了锻炼自己的面试能力，建议找同学或老师充当自己的面试官来进行模拟面试，通过这种方式可以发现很多问题。

很多人在夏令营没有拿到录取通知或因考试时间冲突没能参加夏令营，不用担心，还有九推。九推时很多学校名额都较充足，所以如果夏令营失利也不要气馁，全身心准备九推吧！

祝心怡:保研分享——从夏令营失利到预推免圆梦上交(上海交通大学)

专业年级:物流工程 2016 级
升学院校名称:上海交通大学
升学学科或研究方向:物流工程与管理
升学方式:保研

一、个人基本信息

本科专业:物流工程

排名:2/63(综合排名及专业排名)

英语:四级 572,六级 580

科研项目:校级大学生创新创业训练计划(合格)

荣誉奖项:国家励志奖学金;校级三好学生;校级优秀志愿者;全国大学生英语竞赛 C 类二等奖;"马钢杯"全国物流方案设计大赛校二等奖

夏令营:中山大学智能工程学院

预推免:南开大学经济与社会发展研究院,上海交通大学中美物流研究院

最终去向:上海交通大学中美物流研究院

看完我的基本信息,学弟学妹们可能觉得,为什么我的比赛和科研的含金量如此之低?一方面是我前期准备的太少,对自己的能力认识不清,导致后来参加大型比赛时无招架之力;另一方面还是我的主动性、积极性不够强。所以在我保研的过程中有很多血的教训,望你们戒之、慎之,在保研的路上早做准备。

二、前期准备

(一)技能篇

在大一、大二的时候,一定要保证各科的成绩处于专业上游,因为这是保研的硬性标准。只要上课认真听讲、做好笔记,课后真正花了时间复习,大学的课程拿高分不会特别难。同时在课余时间,要提高自己的综合素质,完善各方面的技能:多去图书馆,有效利用校内丰富的资源,无论是读与专业相关的书,还是读单纯感兴趣的书都很有裨益;提高自己的技能,如编程类可以学习 Python、Matlab 或者 C 语言,这些在中国大学慕课或者 B 站都可以自学;关注与本专业相关的公众号(如克拉克森研究 CRSL、采购与供应链专栏等),结合当下时势更深入地了解专业背景,不断拓宽视野;在学有余力的情况下,参加一些社团活动、志愿活动等,多多与人交往,提高表达能力。其实要做到自律比较难,所以在这里我给你们推荐两个时间管理类应用软件:番茄 ToDo 和 Forest 专注森林。利用这些软件,强制自己在学习时不玩手机,提高学习专注力。

(二)比赛篇

要早早开始参与跟专业相关的比赛以及数学类比赛,积累经验。对于各类比赛的含金量,我们可以参照学生手册上的 A 类项了解清楚每类比赛的加分政策,做到心中有数。具体来说,物流工程专业的同学可以参加大学生创新创业训练项目、"挑战杯"全国大学生系列科技学术竞赛、数学建模类、全国大学生英语竞赛、物流方案设计大赛等,值得注意的是参加数学建模类的比赛最好不要一开始就报名国赛或者美赛,可以从校级、省级再到国家级逐步加大难度。这样可以使你在不同级别的比赛中,与队友磨合,不断积累经验,并在大赛中取得好成绩。其实就算最终结果不佳也无太大关系,因为老师欣赏的是刻苦钻研的精神和你应用所学的知识解决相关问题的能力,你在比赛中积累的经验总会有厚积薄发的一天。

(三)英语篇

英语的学习是一个长期积累的过程,平常背单词用实体书或者手机应用软件都可以(推荐不背单词 App),国内认证度比较高的考试是英语六级,尽量取得较高的成绩;如果六级发挥失常又没有足够的时间,可以选择考雅思或者托福,出成绩比较快。由于中国式英语教育的缺陷,大部分同学的口语表达会存在一定问题，建议利用零散的时间看美剧（强烈推荐《老友记》），培养语感。另外，面试之前应对面试老师有可能提出的问题或自己较弱的项目做针对性的准备。

到了大三上学期末、下学期初，你对自己是否能保研心里应该就有数了，这时需要做的有：资料搜集、个人定位、专业课复习。这时候，各大保研公众号（如保研论坛、后保研、保研岛、我们的武平工作室）都会推送相关的保研信息，要根据自己的学科类别多加注意。对于感兴趣的学校一定要留意其官网，有时候公众号可能会遗漏一些小的信息。一般来说，学校的选择可以参照本专业学长的保研经历，他们去的学校可以试着投一下，相对来说成功的可能性会大一些。对于物流工程专业，可以投递的专业有物流工程与管理、交通类专业以及管理科学与工程。投完简历后，要留出1~2个月的时间进行专业课的复习，要选择通用性高、专业性强的课程，之后再根据通过的初试学校进行针对性强的准备。

二、夏令营（中山大学智能工程学院）

由于前期的个人定位失败，我投了过多优秀院校管理科学专业的夏令营，导致我收获到的夏令营录取通知太少，只参加了中山大学智能工程学院交通类学硕的夏令营。

中山大学智能工程学院夏令营的流程是：第一天主要是听讲座，了解学院的发展和研究方向，还会安排广州市的路线考察（毕竟是交通专业）；第二天是考核，只有面试。面试主要内容是投报学生自我介绍、专业知识考查、根据简历上的信息提问题以及第一天路线考察的心得。我本科对交通课程涉及的较少，专业问题我几乎都没答上来。以此为鉴，同学们在决定选择相近专业读研时，不要掉以轻心，要认真准备相对应的课程，不然面试时和老师面面相觑，场面会十分尴尬。

三、预推免

预推免阶段，我通过了西南交通大学、南京航空航天大学、华南理工大学、北京交通大学、南开大学、上海交通大学的初审，最终因时间冲突选择了后两者。

（一）南开大学经济与社会发展研究院

该院的主要专业为经济类和物流类，我选择参加的是物流工程与管理的专硕预推免。预推免只有面试,没有笔试。面试时有五位老师参加,内容主要是中文自我介绍、专业知识问答、英语问答、根据简历提问、对报考专业的认识、思政知识等。老师在英文问答环节问的是与我专业相关的问题;随机提问时问到的是学习以来将理论知识应用到实践中最大的困难是什么;最后还问了与党的理论相关的时事问题。

整个面试过程中,氛围不是特别紧张,但我在回答其中两个问题时回答了两遍,我想肯定会给老师留下“这位学生的理解能力是不是不太好”的印象。因此,我给予的建议是,一定要听懂老师的问题,如果心里并不是有十分的把握听懂老师的问题,可以再问一下,或者以“老师的意思是不是……”来开头复述一遍,如果老师给了肯定的目光再继续作答。

(二)上海交通大学中美物流研究院

该院的主要专业是物流工程。预推免考试分为笔试和面试。上午进行的是笔试,共五道大题,考查的知识点涉及单纯形法的求解、存储论、预测、物流基本概念以及中英文互译,其中预测方面的那道大题难度较高,我基本上没怎么写出来。下午面试时有五六位老师参加,其内容主要是英文自我介绍、专业知识问答、英语问答、根据简历提问,最后还让我读了一段英文并翻译。

整个面试过程氛围还是比较紧张的,老师在提问时比较倾向于刨根问底,对投报者的整体素质要求较高。同时,由于我提及学过一门有关经济学的课程,正好有位老师是研究经济学方向的,便一直追问相关细节,但我事先并没有准备这门课,时隔一年左右知识点已基本忘光了,所以我那一段都没有回答上来,老师还指出了我逻辑不清的毛病。因此,我给予的建议是,如果对某门课没有提前复习的话,还是不要提,这样很容易给自己“挖坑”,尽量往自己擅长的科目上引导问题的方向;同时,多给自己模拟面试几次,训练自己回答问题的逻辑性,在回答老师问题时要保持冷静。

最后再给大三即将开始保研征程的学弟和学妹们一些具体的小建议:

(1)提前准备好成绩单、成绩排名、个人陈述、获奖证书、学生证等材料的电子版,可以保存在U盘里,无论是网申还是邮寄资料,都能节省大量时间;

(2)简历要精简美观,建议科研项目的介绍分两段,即“比赛内容+主要负责部分”的格式,让老师在看简历时觉得简洁明了;

(3)对于很想要去的学校,在初审通过以后可以提前联系导师,如果导师回复较及时，要事先多看几篇导师的论文，了解其研究方向，在夏令营或预推免期间主动与老师联系；

（4）面试回答问题时要谦虚有礼，能回答就认真回答，实在回答不上来最好实话实说，否则老师会觉得你不懂装懂。

整个保研的过程中我有很多做得不好的地方，但幸运的是最终有一个较好的结果。总结下来，老师们比较看重的还是专业知识水平、英语成绩、科研项目和竞赛项目的经历。最后希望学弟和学妹们前期在这几方面着重提升，最终都能有个满意的结果！

赵梓安:保研经验分享（北京航空航天大学）

专业年级:物流工程 2016 级
升学院校名称:北京航空航天大学
升学学科或研究方向:工业工程与管理
升学方式:保研

本次介绍内容分为四方面,分别是前期准备、申报方向、面试内容和一些小建议。

一、前期准备

在争取保研过程中,我有一个很深的感受就是:参与保研的同学们都很优秀,经历都很丰富。但是经历相似的两个人,可能一个去了排名前三的名校,另一个却只能去排名前十的名校,这其中的关键就在于自我认知和表达,一是你有没有挖掘出自己的核心竞争力,二是你有没有向老师们展示出来你的核心竞争力。

（一）材料准备

（1）简历（中英文）:中英文简历的篇幅分别为一张 A4 纸的容量,格式要统一规范,排版要整洁,科研、实践、参赛等经历按重要性或亮点排序（专硕、学硕顺序不同）,叙述经历时注意数据化,英文简历相对中文简历语言要简练且最好多用动词。

（2）个人陈述:将中文简历用文字描述一遍,通过故事的形式来给老师讲述自己大学期间所做的事情。

（3）推荐信:2 份不同版本（个人陈述简略版）,以老师口吻书写,并且要提前联系好老师。每个学校会给推荐信模板,但实质内容不变,一旦拿到模板尽快联系老师签字。(建议找一位任课老师,最好是一位比较有权威的老师。)

(4)证书:各类奖状、证书、成绩单及论文的电子扫描件、复印件(多份)。

(5)中英文自我介绍:1分钟和3分钟版本都需要准备,应最终能做到脱口而出又显得较为自然。

(二)科研论文

至少要准备一篇科研论文来作为参营论文。论文其实是非常好准备的,可以跟随自己的学长写毕业设计论文,或者找一位老师带带自己,但前提是自己必须足够努力。论文从发表到拿到录取通知的时间不长,拿到录取通知就一定能发表,也就可以有证明材料可以提交。现在很多学校的夏令营都有论文答辩这一个环节,就是对自己的论文进行报告,并回答老师提出的相关问题,因此应提前准备好答辩展示文档和应答老师可能询问的内容。

如果没有答辩的环节,而你有一篇专业领域的论文,这完全可以用来证明你的专业实力,你的专业知识、撰写论文的能力和模型算法的应用等,都可以通过论文得以展示。

(三)专业课复习

一定要注意专业课的复习,这样在面试过程中才不会慌乱。物流专业的专业课就是运筹学,所提的基本问题都是运筹学和概率论等相关的内容。

(四)确定专业

在确定要争取保研后,首先需要明确的就是意向院校及专业。就我个人经验而言,建议参考意向院校及其专业的全国排名、自己所在院校及专业往年保研情况,积极向往届保研成功的学长请教经验,查看经验贴,当然最重要的还是弄清楚自己的研究意向与兴趣之所在。

(五)信息采集

四、五月份是各个高校保研夏令营开始发布招生通知的时候,此时应密切跟进夏令营动态,密切关注各目标院校的官网(可参考申请院校往年的夏令营安排)、目标院校的研究生招生办、微信公众号等,随时查看夏令营的最新申请信息。此外，也可从学长处了解各院校的保研情况。保研可以说是信息战，你多了解一点信息，就算帮助不大，去参加面试的时候也会更觉得心里有底。记得当时我每天除了准备口语和专业课，剩下的事情就是翻看一些公众号和QQ群的消息。当时我加了十多个QQ群，有的QQ群会定期发一些保研真题和个人陈述模板等，这会为你省去一部分查找资料的时间。但因其质量参差不齐，你需要自己仔细甄别。

（六）笔试和面试模拟练习

大多数高校夏令营的面试较笔试而言更为重要（具体可见各高校夏令营通知中标明的笔试与面试的成绩占比），因此在面试中的表现举足轻重。一般需要提前准备中、英文自我介绍各一份。除此之外，要关注学科相关的时事新闻并能发表自己的观点。若是参加学硕面试，通常还需准备论文答辩等。

笔试与面试的模拟练习，最好以目标院校近年的真题作为参考，这些真题资料以及答辩模板一般不难找到，有很多学校在笔试和面试的时候都会用到往年的题目，所以一定要注意收集这方面的资料。

（七）建议

（1）夏令营广撒网、多报名，不要因为不是中意的学校连报名都懒得报，如果学校肯给你参营机会的话就是赚到了一次锻炼的机会、一个保研的保底院校，之后的保研路可以走得更大胆、更顺利；如果是中意的学校，那么保研就可以说是走出了第一步。

（2）因为报名夏令营的时候第六学期还没有考试，所以你应提前去教务处打印前五学期的成绩单。夏令营报名时需要在网上上传各种材料，包括成绩单，且需要盖章。

二、申报方向

物流专业的同学申报的主要方向可以是交通类的，也可以是经管类的，如果还有想法，申报法硕也是可以的，其中经管类里面可以尝试一下管理科学与工程（学硕）、工业工程与管理（专硕）、企业管理（学硕）、物流工程与管理（专硕）。此外，在保研中跨专业保研相对于跨专业考研更轻松一些，但是也需要掌握对应专业知识，建议大家多多尝试。

三、面试内容

本人成功推免北京航空航天大学，因此在这里只针对北京航空航天大学进行介绍。由于北京航空航天大学经管专业只有预推免，而且是在填报国家系统的前几天，所以时间是非常紧张的。面试只有一天，面试结束第二天就出结果，非常迅速，每个人的面试时间也非常短，一个人就15分钟，下面详细说一下面试的内容。

面试一开始就是2分钟的英文自我介绍；之后是政治方面的考核，会问例如“不忘初心，牢记使命”中“初心”和“使命”的内涵，还有“新时代的主要矛盾是什么”之类的问题，所以在准备面试过程中，政治知识是第一位的；其后询问专业领域的知识，例如影子价格是什么、跟对偶的关系等，还有概率论的相关知识，例如均值什么时候表示总体水平、大数据的基础理论等；然后开始针对简历中所列明的科研、竞赛、实践、实习等具体内容进行提问，主要询问模型和算法以及创新点。

整体来说北京航空航天大学的面试老师注重实践，对于实践中的创新要求非常高，并且对专业知识的提问较多，需要面试者有扎实的专业基础知识。

四、一些小建议

（一）选择比努力更重要

选择适合自己的方向比埋头苦干更重要，努力是有回报的，尤其是有方向的努力。

（二）剖析自己

无论是参加保研考核还是找工作，乃至人生大事，都是一个不断进行双向选择的过程。不是说某个项目或工作好，你就要去，要考虑到匹配度的问题，适合自己的才是最好的。

（三）定方向：做学术还是就业

学硕（及硕博连读）和专硕对申请人的要求是有一定差异的，比如，学硕对学术水平要求比较高，而专硕可能更看重综合素质，近年来专硕对于综合素质的要求越来越高。

（四）划底线：知道自己的底线是什么

人的精力是有限的，要给自己设定一个高目标，也要划好一个底线。要清楚自己的底线是什么，最好给自己定好冲刺院校和保底院校。

(五)尽人事,听天命,心态最重要

争取保研过程中,影响最终结果的因素有可控因素和不可控因素。可控因素就是指你自己该做的事,即提升自己;不可控因素就是指外界因素,也就是运气。无论是不是压力面试,你自己的心态一定要稳,不要慌;在准备面试阶段,专业基础要打牢,时事热点也要关注,不要抱有赌运气的心理。尽人事,听天命,准备好自己能准备的,剩下的就自信面对吧。

(六)好好学习

我一直认为学习并不是大学里最重要的事情,但是作为一名学生,如果连学习都做不好,你还能做好什么呢?那种翘课去打游戏、看视频、逛淘宝、睡觉的事情,大家还是尽量避免吧。

(七)学好英语

不论是各类英语考试还是改进自己的口语,都应该尽力做到最好。在如今这个所有院校都声称自己要国际化发展的时代,显著提高你的英语水平,尤其是口语水平,会是一个非常大的优势。

最后,对于争取保研这一场旷日持久的拉力赛,请学弟和学妹以平和的心态来对待保研这个过程,这一过程到最后其实比的是耐力,比的是谁的内心更加强大。就算没有保研成功,也不要难过,要达到你的目标有很多条路可以选择,保研也许只是其中的一条途径。我们的人生都是多面的,你要相信一个优秀的人不论选择哪一条路都是优秀的。你的努力最终会带你到达你想去的地方,甚至到一个在你目的地更前方的远方。就算没有达到保研的目标,你的人生也不会因为一次尝试没有达到就毁于一旦,跌倒是为了更好地在前方拥抱等待着你的梦想。

徐舟:雄关漫道真如铁
(中国人民公安大学)

专业年级:国际经济法 2016 级
升学院校名称:中国人民公安大学
升学学科或研究方向:侦查学
升学方式:保研

回望四年大学路,看似顺遂无虞,实则多愁只自知。写保研经验时,我也诚惶诚恐。我并不是反应机敏的高智商天才,也不是实力强劲的科研优秀人才,我保研成功的经验就是勤能补拙。期待和我一样普通的你看完这篇文章后也能正视自己,在最平凡的生活中绘出属于自己的色彩。

一、一事无成百不堪

大一刚来到大连海事大学时,全新的环境带给我无限的新鲜感和探索欲,却唯独没有带给我继续发愤图强努力学习的决心。我立志要摆脱从前枯燥烦闷的生活,迎来真正的自由与解放。

在法学院课程设置还未改革之前,大一上学期的学习任务较轻,只有两门专业课——“法理”和“宪法”。当时,我不了解学习成绩对保研的重要性,也不了解保研这条途径的意义,再加上毕业似乎还很遥远,因此对仅有的两门专业课也没有认真对待,只是会在课后及时补充笔记以及在考前拼命背书。大一上学期就在和朋友的约饭中、与手机为伴的熬夜中度过。临时抱佛脚对两门专业课足以应付,再加上从前还算不错的英语基础以及一直以来不甘人后的性格,大一上学期我的成绩排名为年级 13 名,但是综合排名(加上 A、C 分)较低。这一学期我没学进多少知识,院内和学校那些有益的活动也没有积极投入,每天就是想着要去哪里玩,体重也从 52 千克飙升到60千克，现在想来那时的自己真是无知。但这一学期还算可以的成绩确实也为保研的综合成绩打下了一定的基础。我并不希望学弟、学妹们效仿这种极其敷衍的学习态度，觉得课程少就可以投机取巧。即使课程少，课后温故知新与考前临时应付的心理状态和效果都是不一样的。保研就像长征，大鹏之动非一羽之轻也，你在每个学期里的每一步都是事关能在最后择校中掌握主动权的关键。如果时光倒流至大一，我一定会认真对待各门课程和大学生创新创业训练项目，给自己增加更多竞争力。

二、柳暗花明又一村

当看到大一上学期的成绩时，我看见那些默默无闻的同学都在年级前几，突然觉得要好好学习，我清楚自己是真的不想落后。但此时我并不觉得好好学习是为了保研，只是觉得一个法学院的学生应该自律、思考，做一个沉稳、懂法、有深度的人。而促成想要保研这一转变的原因是这一阶段遇见了几位对我影响很大的人：首先，由于专业课增多，我接触到更多法学院的老师，他们来自C9，来自五院四系，来自境外名校，一下子开拓了我的视野，无论是他们的授课还是平时闲谈都让人醍醐灌顶。在这个过程中，我对“刑法”“法制史”等课程产生了浓厚兴趣，学习自然更加自觉、更有动力。因为我想和这些前辈交流，想听听他们的真知灼见，所以只有提升自己才能与他们有话可谈。其次，我结识了几位对我加以引导的学姐，最后她们每一个都成功保研、考研以及出国留学。我向她们请教到很多提高成绩的学习方法，比如上课时老师说的知识点、案例都要记下来，越细致越好。讲得快的课，在老师的同意下可以录音，课后继续听；有不会的问题要及时和老师交流，不要留下疑问；课后不要着急回宿舍，学会独自在自习室中复习整理笔记；平时周末要注重学习，把本周学的知识融会贯通。因为文科学生不需要做实验，所以课后我有大量的时间斟酌知识点。在后三年的学习中几乎每一天我都坚持着这些习惯。最后，我遇到了我的挚友。我大学里最好的朋友在大一下学期的每一天里给我灌输各种保研政策，督促我和他一起学习、一起保研。对每门课程，他都很钻研，对每一科的考试，他都能分析透彻。所以在优秀的朋友的影响下，我也不好意思只惦记吃喝玩乐了。

大一下半学年是我保研之路上的一个重要转折。我明确了保研的目标，也明确了为达成这一目标要在学习、比赛以及科研上做出努力。但转变的过程很是痛苦，一改懒散的习惯之后我遇到的第一个挫折就是VB成绩不佳。即使我为这门课付出了很多时间,但也没有获得与此相匹配的分数。在全院同学几乎都拿到好成绩的衬托之下,这一门课程的成绩不佳给我带来了很大的心理压力。值得庆幸的是复习周与好友一起在教室复习时,他给予了我很大的鼓励,我也逐渐摸索出适合自己的学习方法,调整好心态,坦然接受了失败,在后续几门专业课的考试中,也算是得心应手,均取得了很好的成绩。但因为 VB 的成绩,我大一第二学期的保研有效成绩只排到年级第 17 名,这给我保研留下了很大的短板,以至于之后四五个学期我都在用其他成绩来弥补。

总之,我个人认为本科期间最痛苦的"黑色"大一下学期终于翻篇了。总结下来,如果想找到正确的方向并获得好成绩,首先,要给自己营造正面且积极的环境,无论是交友还是客观环境都要适合自己,这样益于减少负面情绪,有益于使自己全神贯注。其次,对于升学或者获得荣誉的政策要全面了解,不要觉得功利,要从各方面分析利弊,从而抓住机会充分利用。最后,善于调整心态,人非全能,必有弱项,要善于调整自己的心态。

三、吾将上下而求索

大二学年是我觉得本科期间过得最快乐、体验感最强的一年。确定保研的目标之后,我开始从各方面丰富自身阅历,提升自己整体素质。

学习上我坚持使用大一总结下来的那几条学习方法,投入时间,提高效率,并且培养兴趣。我因有了学习目标,更是乐在其中,干劲十足。同时兴趣是最好的老师,大二我发掘出对公法(刑法、诉讼法等)的兴趣,这也是坚持学习的助推力。课余,我拓展阅读了很多书籍。我所读的这些书并不是全部与专业相关,看一些小说佳作也是缓解压力的有效方式。同时对于一些与专业课关联不大的必修课,也要重视,因为它们学分很高。

比赛上,我积极参加校级的例如金牌律师模拟法庭或者国家级的大学生英语竞赛。文科学生能参加的大型省级或者国家级比赛较少,仅有的一些门槛也较高。对于并未立志进入顶尖学校法学院的同学可以通过参加一些战线较短、赛制简单的比赛来丰富经历,但对于想要进入顶尖学校法学院的同学就要着重关注含金量极高的 Jessup、贸仲、Vis moot。在不影响保研名次的情况下参加比赛,不仅仅是为了奖项,这也是与其他法学院的同学互相切磋、互相了解和增长见识、提升自我的好机会。

至于科研这方面,因为没有参与过高水平科研,我发言权不大。法学科研项目与理科不同,文科需要广泛调研,还需要各类社会学、金融学甚至与海商法或者国际经济法相关的海上运输、保险等知识，对于刚进入大学的学生来说真是心有余而力不足。这一点我在学院期中测评会上与老师有过交流。我认为，如果致力于做科研，要主动去找老师表达想法，同时评估自己在项目中到底能做些什么、能做到什么程度，不要带着“划水”混经验的目的去加入团队，这不仅仅会影响项目进度，还会影响自己的名声。也不要轻易发表水平不够的论文，这样做也许今后会成为学术污点。我个人认为学生还是单纯一些比较好，不要沾染上不符合年龄的不良风气，要认清自己的能力，踏踏实实做事，真诚待人，不要总想走捷径，因为混出来的荣誉是站不住脚的。

生活上，我从大二开始养成许多好习惯，无论是在饮食上还是在作息上。我用一年时间瘦到 48 公斤，也因此对自己的体态更加自信。而良好的作息则是调整学习状态的最好方法，即使期末复习周我也很少熬夜。自律会使我培养出时间观念，珍惜每一分每一秒，久而久之会形成一旦浪费时间就会有的愧疚感，这样能督促我有效利用时间。我并非没有休闲娱乐活动，我会和好友出去吃饭逛街、散步锻炼，参观我没有去过的大连景点，体验这个城市的节奏，观察这里与我南方的家乡截然不同的烟火气。我不赞成每时每刻都把弦绷紧，还是那句话，这样做不利于身心健康。

同时，大二下学期我们面临专业分流——选择国际经济法还是海商法。因为我并没对其中一种有偏爱，所以我还是结合海商法和国际经济法专业的前辈们的升学经验、两学科的课程设置、未来的发展需求和父母的意见选择了国际经济法专业。做出任何选择需要慎重，需要有前瞻性，最好的不一定最适合自己，要综合比较分析。

这一阶段我也开始利用假期实习。象牙塔里的学生还是要尽早接触社会，以求得自身所学与社会实践的契合度，在实践中检验学习成果，在学习中融合实践经验。

大二学年结束后，我的保研有效成绩排在年级前十，综合成绩为年级第三。但是压力一直还在，我还是有些贪心，觉得自己做得不够好。

四、任尔东西南北风

大三学年是我本科期间最为忙碌、焦虑但也是保研意志最坚定的一年。保研前的最后两学期，不仅要抓学习成绩这个硬实力，还要补足其他各方面的软实力。大三上学期，课业压力不是很大，但是更具有专业性。我依旧对行政法、经济法等公法充满热情，对其他课程也认真对待，我丢掉对比赛以及科研的焦虑,专注于对基础知识的把握。

这一学期我花费了很多时间在保研信息的收集上,向学长请教并且查阅相关公众号(后保研、保研学长说等)。我大致分析了各大高校夏令营以及推免生接收的要求,发现一个新问题,就是我的英语成绩不够好。虽然法学院每学期都有英语课,但是我并没有充分积累词汇和练习口语。四、六级英语考试也是得过且过,没有追求高分。直到大三下学期,我亲身体验到这种英语学习习惯的后果。

各大高校在9月正式开启推免工作之前,会举办夏令营以及预推免来提前录取一批优秀学生。上述两类招生简章和报名要求,各大高校官网和几个保研公众号都会推送,只要留心关注就行,报名时要结合自身兴趣、实力和与院校的匹配度。通过学长们和我自己的报名入选经历,我总结了一些经验:各大高校划定能够进入推免面试笔试的学生的过程中,专业成绩排名和英语成绩最为重要,顶级院校一般要求排名前百分之五,英语六级500分以上,若想要有竞争力需550分以上。成绩排名不够,若有其他含金量高的比赛科研经历可以弥补。如果最重要的两项指标都不错,科研比赛没有出彩的经历也无伤大雅。但是英语成绩如果不达标,基本就会被筛掉,根本不会有面试和笔试机会。我的英语成绩不够有竞争力,当时已经来不及再考六级,于是我决定自学去考雅思,以此证明英语水平。时间紧张,要准备目标院校等其他学校(保研可报院校多,每个学校专业设置差异大,会导致复习内容很多)的笔试和面试,要准备法考客观题,要保住排名,还要在复习周上船实习。整个大三下学期匆匆忙忙,压力极大,但我似乎也没有其他的想法,而是专注于提高实力、全力保研。我每天几乎都在自习室待到关门才回宿舍。一分耕耘一分收获,雅思成绩出来了,成绩还可以,而平时养成的学习习惯和大三下学期居多的开卷考试也帮助我保住了成绩排名,日常复习也给我打下了牢固的专业知识基础。大三学年,我的保研有效成绩和综合成绩排名均为国际经济法专业第一名。

7月,我报名了高中时期最心仪的学校——中国人民公安大学。虽然名义上跨保,但是也离不开我学习的法律知识。我通过贴吧和学姐了解到中国人民公安大学笔试和面试的具体形式,着重练习考研英语,锻炼沟通姿态。过程中有磕磕绊绊,但我保持自信,全力发挥。

保研过程中的笔试和面试真题,每年题目都不一样,每年同学的水平也不一样,只有真正需要掌握的知识是一样的。对于专业笔试、面试还是强调打牢基础,不要刻意钻难点,要把学科基本概念、思想真正理解。例如

“一国两制”的概念，大多数人都知道其字面含义，但内涵的阐述需要组织语言进行扩充、讲透，这才是关键。面试时切忌紧张、扭捏，即使遇到不会的问题，务必稳住心态，凡是觉得与问题有关的都可以回答，文科的相关问题没有唯一答案，但你所讲述的每句话要体现你的真诚和谦虚，要使面试老师们能够看出你的真实想法。对于英语笔试和面试，这就要多加练习。我相信只要平时积累，用心理解，在面对这些考试时均可沉着冷静应对，自然就会水到渠成。

五、鱼知水恩，乃幸福之源也

能够保研，自己的努力固然重要，更重要的是父母和朋友的陪伴与鼓励。我的母校大连海事大学，我所就读的法学院，我的老师、辅导员和前辈给我提供的平台与机会。大连海事大学的保研政策公平公正公开，只要努力，只要实力过关，学校就会全力支持。法学院的老师和辅导员们也充分理解我们的梦想和追求，给予我们宝贵的指导意见。母校值得我们骄傲，我不止一次听同学们面试回来后交流到目标院校是如何夸赞我们法学院的师资水平。因此，无论今后我这艘“船”航行到哪里，都不会忘记母校是我的港湾。

其实这样看来，我的保研经历没什么特别，也没有很惊艳的成绩，只是在每次遇到困难和挫折的时候，我会选择坚定走下去，对未来规划得会更清晰。法学院 2016 级有很多保研、考研或者出国留学至著名院校的学生，我只是很普通的 1/162，但希望我的经历能够给各位学弟、学妹带来一些帮助。慎终如始，则无败事，不仅要有努力，还要有实力，守住最初的目标才能实现它。“雄关漫道真如铁，而今迈步从头越。”保研是本科阶段的结束，也是新一段人生旅途的开始。它带来的喜悦是暂时的，但学习是终身的。在新的舞台上，我会面临更多的挑战，但我会继续坚持好习惯，积极乐观、脚踏实地地在另一所学校与每位志存高远的学子们共同进步。祝学弟、学妹们“守得云开见月明”，不要过分追求高度，也不要妄自菲薄，找到最适合你的航行方向。

刘鹏举:NO SWEAT,NO SWEET
(中国人民大学)

专业年级:信息管理与信息系统 2016 级
升学院校名称:中国人民大学信息学院
升学学科:计算机科学与技术
升学方式:保研

提到保研,虽然已经是半年前的事情,但一路经历的磕磕绊绊,却成为大学里不可磨灭的记忆。保研这一路走来有艰辛、有坎坷,但也有突如其来的惊喜,因为这条路你有很多试错的机会,相对于人生的其他面试,它足够宽容。你可以把保研当作一次重要的会面,事前需要整理好三年来学到的知识、培养的能力,通过言谈举止,展现出最好的自己。下面我将按照时间顺序记录一下保研的过程和心得,希望能对同样有保研想法的同学提供一些帮助。

一、前期准备

正所谓"凡事预则立,不预则废",拉长准备的时间轴,才会有更强大的信心去面对考验,具体需要做好以下工作:

(一)了解研究生的学习生活特点

(1)具备独立思考的能力。老师只会给特定的题目,不会给具体的方法,学生需要自己去寻找方法入手。

(2)对英语水平要求高。发论文的过程,需要阅读很多英文文献。很多要求高的导师建议学生发表英文论文。因此,英语水平就变得特别重要。

(3)撰写论文的思考能力强。撰写论文时,优美的文字显得并不那么重要，关键在于你解决问题的方法是否和其他人的解决方法有所不同，而这种不同又是否更有利于解决问题。

(4)社交圈子更狭窄。以课题组或实验室为单位，圈子更小。

(二)适当包装自己

若想在保研中表现更突出，提高自己是必不可少的。首先要了解研究生导师在选学生时的一般关注点，可以参见下表：

基本信息	成绩	英语	科研	实践
本科学校	GPA	四、六级成绩	论文(是否发表、发表层次、作者排序)	相关比赛获奖情况
985/211	排名	雅思、托福、GMAT、GRE等成绩	其他学术活动(大学生创新创业训练项目/挑战杯/专利)	学生/社会工作
本科专业	奖学金	阅读文献能力		实习
是否国家重点学科		口语能力		

刚步入大二、大三的学生如何获得科研经历呢？一般是加入老师的实验室，首先确定在实验室中的细化研究方向(与老师商量一同确定)。查找引用量较高的经典文献和近几年的文献并阅读。复现一些简单的经典项目效果，并弄明白原理。有余力的同学可以对项目进行改进。帮助学长一起完成一个项目。最后，针对项目的创新点，尝试撰写论文，交由导师进一步修改润色，然后投稿。

二、夏令营/预推免信息关注

保研是一场信息战，不同学校、不同学院都会发表有关夏令营和预推免的学生通知。及时关注心仪学校的官方网站和微信公众号，避免错过重要通知，这是第一步。保研是学校和学生双向选择的过程，作为学生，我们的目标是选择最适合自己的研究方向和导师，在精力有限的情况下，避免使用海投战术。推荐保研论坛、后保研、我们的武平工作室、保研学长说、优保研等公众号，它们会对及时发布的夏令营/预推免信息做一个系统的整理。一般来说，夏令营发布时间在3—6月，预推免发布时间则在6—9月。获得夏令营/预推免信息的渠道有学院官网、公众号、保研论坛。你可以将通知信息汇总为如下格式的表格，避免遗忘。

序号	时间	学校	学院	通知链接	准备进度	是否完成
1	6.12	中国人民大学	统计学院	×××	充分	√
2	7.08	北京航空航天大学	计算机学院	×××	未开始	

三、院校/导师选择

一般把院校选择范围划为需要争取的、比较稳的、保底的共3种。可以通过往年直系学长的情况,院校往年生源情况,夏令营录取比例和实验室的学长等四个渠道来了解招生情况,结合自己的水平做一个大致的定位。

选择导师时可以参考以下几点建议:

(1)先下手为强。第一封邮件、第一个人总是能给导师留下最深的印象。

(2)兴趣。兴趣是最好的老师,名气、实验室条件远远小于一句话"I like it"。

(3)专一。一个方向、一个系的导师最好只选择一个导师,因为导师们喜欢专一的人。

(4)评估导师。可以从课题方向、项目背景、实验室氛围、学长的建议、文章质量、毕业方向等指标进行评判。

四、材料准备

夏令营:3个透明文件袋,1个放简历,1个放需要邮寄的纸质材料(将时间表粘在封面上),1个放复习资料的提纲。

预推免/9月推免:3个透明文件袋,分别装需要提交给学校的材料、自己准备看的材料、小工具(剪刀、小胶棒、订书机、别针、夹子)。

材料内容(纸质版和电子版):简历、自我介绍1分钟(中、英文),成绩单,成绩排名,四、六级或托福、雅思成绩单,各类证书,个人陈述(部分学校有),专家推荐信(报直博需要)。

1. 简历内容

简历正面:

个人信息:电话、姓名、邮箱、年龄 教育经历: 学业情况:班级、成绩排名、擅长的科目、分数 主要奖励和荣誉:奖学金、荣誉称号、论文、科技竞赛奖励 研究兴趣: 技能:

简历背面：

研究经历：进入的实验室、导师、有什么样的成果。 实习经历或竞赛项目经历 相对不重要的大学课程做过的项目

2. 个人陈述(国内大部分院校不要求，国外院校要求)

介绍自己(基本信息+思想状况)： 学术表现： 科研项目： 读研的原因： 未来的计划：

3. 专家推荐信内容

推荐人基本信息： 被推荐人基本信息： 推荐的理由：

注：专家推荐信的推荐理由最好阐明推荐人与被推荐人之间的关系，然后用材料或实例说明被推荐人具备的学科潜质。

五、夏令营/预推免流程

不同学校各个学院的考核方式是有差异的，一般流程为报名→入营名单公布→报到→学院参观活动→学者讲座→笔试→面试→优秀营员名单公布→接受确认。笔试和面试的具体内容会在经历分享中提到。

六、夏令营/预推免经历分享

(一)南开大学计算机学院

6月初学院部分老师来大连进行面试，入营名单都是211和部分985高校的，通过率为60%~65%，通过面试并不代表被录取，还需要通过电子邮件联系老师，进行编程测试。南开大学计算机学院是我保研参加的第一个夏令营，时间比较早。第一次多多少少有些紧张，但老师都比较和蔼，尽量调整好心态和心情。

(1)笔试:无。

(2)机试:无。

(3)面试:英语口语方面,问到我简历上一个关于京东物流的科研项目,只让我介绍这个项目的内容,无专业问题。此外,其他人被问到了大学生创新创业训练项目和课程设计,主要是根据简历来询问的。

中文问题,主要询问你的专业课程、做过的项目、写过的论文(问到我文章中灵敏度分析有哪些方法,回归分析中相关系数为负数时代表什么,论文的写作思路通常是什么)。

值得注意的是,拿到录取通知,联系导师时,老师仍然会对你进行编程测试,难度因人而异,我联系的导师给我 7 篇实验室的最新英文论文,让我选一篇,做成演示文稿,并把论文中最终结果用程序重现一遍。一个月后,与老师微信视频通话,讲述演示文稿和程序。

(二)北京航空航天大学计算机学院

1 200 人入营,机考筛掉 600 人,面试筛掉 300 人,预计录取 270~290 人。北京航空航天大学计算机专业在全国排名前三名,竞争激烈,面试时,985 院校毕业生的录取比例占 70%左右,211/双非学生一般只录取专业第一入营。

(1)笔试:无。

(2)机试:2 道题,第 1 道题难度中等,第 2 道题偏难,详细题目网上有。一般能做对 1 道和 1 道以上的人占 50%左右。

(3)面试:英语口语面试内容是读一篇关于新型信息技术介绍的英语短文并翻译(专业词汇、长难句较多)。

中文面试,不同的面试教室里老师问的问题不一样,有的老师对各种基本课程都问,高数、线代、概率论、数据结构、操作系统、编译原理等都有所涉及;还有的老师主要根据你的简历内容,问一些你考得比较好的专业课,你感兴趣的研究方向、论文、项目等。

(三)南开大学软件学院

(1)笔试:数据结构、软件工程。

数据结构较容易,包括几道选择题(几乎都是树类型)和一道算法设计题。

软件工程主要是考查相关概念,我遇到的有配置库的组成、画类图。

(2)机试:1 道算法题,1 道面向对象题。语言使用 JAVA,一般人都会放弃算法题，完成面向对象题。

要注意，机试前一晚会发布夏令营的题，要马上把题下载下来，因为第二天网站会关闭，然后熬夜写下面向对象题的答案！

（3）面试：自我介绍+老师提问。

面试时老师问我的专业问题是与操作系统 Linux 相关的问题。即使在夏令营中我们没有评上良好和优秀营员，依然可以在系统上填报，因为放弃南开大学的人很多。但是要确定自己的保底院校同意保留名额给你，这个需要自己去沟通。

七、寄语

保研就像学业之外另一个考验你知识掌握程度和综合素质的测验，它也许不算特别艰辛，但绝不是轻轻松松就能糊弄过去的。只要你意志坚定、准备充足，最终一切都会有一个好的结果。祝愿每一位学弟、学妹都能保送到心仪的学校，祝愿你们在最美好的年华收获最美好的未来。

秦钦:越努力越幸运
(哈尔滨工业大学)

专业:物流工程2016级
升学院校名称:哈尔滨工业大学
研究方向:交通运输规划与管理
升学方式:保研

关于大三下学期的保研准备工作以及各种材料的准备,很多经验帖都有写到,在此不加赘述,我结合自身经历,提炼出比较重要的几点:

(1)老师关心的指标的重要程度:院校出身>成绩排名>英语水平>科研竞赛经历>实习经历。

(2)各种证书和证明材料,推荐使用扫描全能王App扫描成电子版保存起来,以备不时之需。

如果确定了保研的目标,那我的建议是:

1.从此刻开始就非常认真地学习,使成绩保持在专业前列。有些人可能会认为自己有科研成果或者竞赛成绩加持,就对成绩方面放松了要求,但要知道,成绩是检验大学学习成果和能力的最基本指标,只有成绩名列前茅,老师才会去看其他的加分项,否则一切都是空谈。我有一个课下整理笔记的习惯,为什么是课下?因为课上的时间我会用来认真听讲,避免遗漏,只做好重点标记(拍照、录音都可);课下的时间仔细整理笔记是对知识的梳理,也是加深记忆的过程。期末考试前利用笔记复习也能事半功倍。此外,也要留意学校打印店里流传下来的一些考试真题或者复习资料,看这些资料往往会节约你很多时间。除了书本上老师讲的知识,在学有余力的情况下可以去看一些专业课相关书籍(可向专业课老师寻求推荐),拓宽一下知识面,培养自己的思维逻辑性。

2. 选择对自己最有益的选修课。不要小看选修课的绩点,选修课选得好,大三一年完全可以弥补前两年的短板。如果已经明确研究生的就读方向,则尽量选择对应的专业课来完善知识体系;如果写字速度慢,那最好不要选择题量巨大的开卷考试科目;如果想要提高一下绩点,则要选择一些比较容易拿高分的课程。建议从同专业的学长了解选修课详情,如课时、讲课风格、考核方式、老师性格等,趋利避害,选择最适合自己的课程,为后续保研打好基础。

3. 关注一些与专业相关的公众号(如物流类的物流沙龙、物流指闻、物流时代周刊等),可以将书本知识与该领域的现状与发展趋势相结合,会让面试老师觉得你不是一个只会读书的学生,对你留下很好的印象。

4. 多参加认可度、含金量高的比赛。比如全国大学生数学建模竞赛、美赛、全国大学生英语竞赛、大学生创新创业训练项目、专业相关的物流方案设计大赛等。不要担心自己没经验,经验都是一点一滴积累下来的,只要坚持参加,认真完成,总会有所收获。哪怕没有得奖也没关系,其实面试时老师不会太关心你究竟获没获奖,团体性的比赛并不一定能完全展现一个人的科研能力,老师在意的是你是否有竞赛经历,在这个过程中能够解决一些问题,有钻研精神,这才是老师想要的研究生应该具备的素养。

5. 英语四、六级成绩真的很重要。保研时不同学校对英语的要求不太一样,过英语六级是底线,好一些的学校要求六级 480+、500+甚至 550+的分数。雅思和托福的成绩是增分项但不是必需项,最重要的是六级分数,真的是越高越好。

另外,趁业余时间,可以学如 Matlab(用来建模)、Eviews(用来预测)、SPSS(用来数据分析)、PS 等软件的使用方法,掌握这些软件使用方法的同学会让老师眼前一亮。

接下来我将为学弟、学妹讲述我在北京交通大学和哈尔滨工业大学的面试经历,希望我的经历能够给你们提供一些帮助和借鉴。

北京交通大学只有面试,无笔试。面试组有 6 名老师,每人面试时间为 5~10 分钟不等。进到考场后,学生并不需要做自我介绍,老师会直接抛出一个英语问题,我被问到的是“你为什么想要来北京交通大学读研”。因为之前准备过这个问题,答起来还算流畅。根据简历,老师提问我为什么大学期间没有参加专业方面的比赛,我的专业所在学院的名称以及我的专业的课程框架。因此提前看好本专业的培养计划真的很有用,这样做既可以帮你梳理三年来学过的知识,形成完善的知识体系,又可以让老师觉得你是一个对自己所学的专业有实实在在了解的人。由于之前参加过美赛,老师问到我们队的无人机评估模型是如何建立的。所以学弟、学妹们要对自己做过的比赛和研究非常熟悉,否则很可能会被老师问住。最后,老师问我在今后的研究生阶段如何将本科院校所学的交通与北京交通大学的铁路运输相结合,听到这个很友好的问题,我便感觉这次面试把握很大了。

北京交通大学地处北京市西直门附近,而北京的发展前景良好,交通便利,且交通运输规划与管理专业的学科评估等级是 A-,师资力量雄厚。对于研究生阶段比较注重专业而不看重院校等级(北京交通大学为 211)的同学其是性价比很高的学校。

哈尔滨工业大学的面试要求非常严格,面试时需穿正装(虽然没提前说,但这也是需要我们注意的地方,整场面试只有 2 个同学没穿正装,在其他人的映衬下显得对面试不够重视),面试顺序是抽签决定,分为三个环节:英语能力面试、综合能力面试和专业能力面试。英语面试先要求抽签朗读和翻译一个很长的英语句子,这个句子的内容专业性较强。因为我是跨专业申请保研,有些专业名词不太了解,所以颇有难度,建议大家提前做做功课。然后是一分钟的英文自我介绍+英文和中文提问。我被提问到的英语问题是"你所就读的专业毕业以后能够从事什么工作、研究生阶段的规划是什么"。中文问题是"简要概括你最喜欢的一门专业课的知识体系以及你的爱好是什么"。

因为我申请的专业和我本科的专业并不完全相同,所以在回答问题时我避重就轻,尽量把话题和爱好往交通领域引导,感觉也给老师留下了比较好的印象。

接下来是综合面试,我抽到的题目是"如果你和组内一名同学发生了争执,你会怎么做"。综合面试考查的是学生的品质与工作表现,有点类似大学里的社团面试,放松心态正常答就好。

然后老师又问我对于哈尔滨工业大学交通学院老师们的研究方向有哪些了解。这个问题在官网上就能找到准确答案,所以提前对想要申报的学校进行了解、做足功课是非常必要的。

最后是专业能力面试,我抽到的题是"陈述一种交叉口竖向设计的方法"。由于本科并没学过道路设计,此题答起来略有吃力,但好在提前学习了该校考研的专业课交通工程学,努力说出了几个相关的专业名词,再结合有限的知识,磕磕绊绊也算过了关。老师又问到本科阶段学过什么和交通相关的专业课，我在美赛中所负责的0-1规划模型是如何求解的，大学生创新创业训练项目的创新点在哪里。

我是当天所有到场面试的学生中第一个面试的，心理压力其实比较大，这个时候更要稳住心态，千万不能慌。总结起来，我想要告诉学弟、学妹的是：首先，不论你平日里性格是怎样的，一定要在面试时表现得从容自信、谦虚得体，更要有礼貌，进门前敲门，出去后把门轻轻带好，回答问题前鞠躬向老师问好，这些细节都可以为你加分。其次，好好准备简历，老师在很大程度上都是根据简历发问，对于做过的项目和参与过的比赛要烂熟于心；对于申报学校的专业，要有深入理解，在此基础上若真的很想去这个学校，那就认真选一位感兴趣的导师提前联系，让老师看到你真诚的求学之心，面试时便会在允许的范围内尽量帮助你，使你更加有信心。面试时不管学校有没有要求，最好要穿正装出席，这也是对对方学校的一种尊重。

牛顿曾说："如果说我看得比别人更远些，那是因为我站在巨人的肩膀上。"这话放在保研之路上，可以很好地说明外力的帮助对自身的重要性。所以大家在遇到困难时，不要不好意思，要大大方方向老师和学长寻求帮助，这能够达到事半功倍的效果。但也要注意，询问时态度要真诚，如果对方在忙也请多点耐心，因为没有人有义务告诉你他们走了很多弯路才总结下来的经验，对于他人的帮助和指点应当学会感恩。

感谢一路走来，老师和学长的帮助与支持，也祝愿各位想要保研的学弟、学妹们都能学有所成，成功上岸！

最后祝各位同学保研顺利！考研成功！

鲁洁莹:考研——送给自己的毕业礼物(清华大学)

专业年级:行政管理 2016 级
升学院校名称:清华大学
升学学科或研究方向:公共管理专业(医院管理方向)
升学方式:考研

我本科就读于大连海事大学行政管理专业,在 2020 年研究生入学考试中凭借优异的成绩考入清华大学深圳国际研究生院的医院管理专业。由于今年的疫情和所报专业的特殊性,我的考研之路充满曲折,而我个人也因为这段经历收获了许多经验。我相信很多人在考研经验帖上都看过这样一句话"个人经验不可复制",因此我将自己的考研经历进行反思总结,希望可以给学弟、学妹们提供一些参考。

一、择校阶段

我是从大三下学期决定考研的,并于 2019 年 5 月份开始搜集考研信息,选择报考学校。我本身就对医学很感兴趣,于是想要找一个与医学和管理学联系紧密的专业,因为曾参加过 2018 届保研至清华医管专业学姐的分享会,使我了解到医院管理这个专业。对于择校,我花费了整整一个月的时间浏览各种院校官网,每天下课后都会跑到图书馆搜集信息,曾一度焦头烂额、犹豫不决。后来参照管理学的平衡计分卡,我突然意识到可以做一个表格(见下表),综合各种因素进行评分(各项因素可根据重视程度进行排序),得分最高的就是我的最终选择,内容大致如下:

因素	××学校	……
院校地理位置		
院校专业排名		
录取人数(报录比)		
专业课(难易程度、参考资料、往年真题)		
复试内容(占比)		
……		
总分		

此表格可以作为参考,帮助一些对择校犹豫不决的同学尽快做出决定,因为备考时间宝贵,所以不要等到开始努力后又推翻最初的决定。经过比对,我的目标院校确定为清华大学的医院管理专业。

二、备考阶段

在确定目标院校后,我就开始英语的复习和专业书的购买,清华大学医院管理专业的第一门专业课是“逻辑学”,第二门我选择了“生物学综合”,因为两门专业课都是我本科没有接触的科目,所以购买书籍和上网课也花费了很长时间。暑假开始时我因为拔智齿回家待了一周,7 月中旬在返校的动车上看到了清华大学医院管理专业课换大纲的消息,专业课考试科目从“生物学综合”变为“医院管理学综合”。这不仅意味着我要看的参考书数量翻倍,同时也意味着没有任何真题和经验可以借鉴。然而正是因为这样的困难使我从零开始,重新制订自己的学习计划,也总结了很多专业课的学习经验,具体可以总结如下:

(一)多种形式记忆法

第一遍学习时,我选择了通读加细读标记关键知识点的方式,了解专业课知识点的概况;第二遍开始做笔记,形成自己的知识框架并进行背诵,开始背诵的时候就可以参考艾宾浩斯记忆法,每天进行复习,加深记忆;第三遍的时候我用电脑将自己做的笔记整理成电子版,并自己提出一些问题作为思考题。除了手写笔记和电脑打字外,我还尝试了用手机录音的方法,背诵的时候可以给自己录音,选择在午休或晚上睡觉之前播放,虽然每次我都听不完整个章节就睡着了,但因为听得比较多,我对前半部分知识点掌握得特别熟悉。为了让一遍又一遍的背诵变得有趣,我还尝试了讲课的办法，对着空气假装给别人上课，把后期的背诵变成备课，把知识消化、理解后并讲出来也是加深记忆的好方式。

（二）摆脱智能机

考研前期，我对除了专业书以外的东西都产生了浓厚的兴趣，尤其是智能手机，原本不迷恋游戏和微博的我在备考初期因为玩手机耽误了很多时间，在这期间我尝试过番茄 ToDo、Forest 专注森林这类学习软件，虽然起了一些作用，但一旦到了中途休息时间还是无法立刻放下手机。后来我买了一个非智能老人机，只能接打电话，每天带着它去六食堂的考研自习室使我的学习效率大大提高了。

（三）时刻调整计划

备考期间，每天都要有自己的学习计划，每周也要给自己设定要完成的总任务，然后进行分配。备考时间那么长，状态不会一直都很好，所以把制订好的计划坚定地执行下去对我来说更加重要。

我最开始的备考计划是根据网上的经验帖制订的，具体到每一遍的背诵应该几号结束，每天的开始和结束时间都是根据别人的经验计划的。后来我发现即使是暑假有较为充足的时间，也会有一些事情或者是因为自己的原因导致无法每天都像机器一样按时高效运转，所以我每天的计划根据自己的情况随时变动，只要能完成每周任务就可以。每科最开始的学习都要有一个大的规划，在备考的过程中根据自身情况再进行细化完善，达到为了完成任务学习而不是为了达到时长而学习。

（四）专注力比时长更重要

备考过程中，我也经常因为一些经验帖或者身边同学的学习进度而感到慌张，例如暑假每天要达到 8 小时的学习时长，从 9 月份开始每天 10 小时之类的规定，最开始我也给自己制订了作息时间表，后来发现这种为了时长而学习的方法不仅效率不高，还会让我感到焦虑。考研和游戏不同，并不是一种即时满足的机制，很多时候考研会让人感到孤独且无法看清前路的，因此我用达成学习任务的方式给自己成就感，更加重视效率而非时长。尤其是在自己无法集中注意力的时候不会继续坐在桌前，“玩的时候就认真地玩，学习的时候就不要想着娱乐”，这是我家人从小教育我时对我说的话，因此即使我到了后期的冲刺阶段，如果注意力无法集中，我也会背上书包回到寝室快乐休闲一下午，当天的学习任务虽然无法完成，但这种

“惊喜一样的娱乐时间”会让我第二天的学习更加高效。

三、复试阶段

因为疫情，2020 年研究生考试的复试阶段我一直在家待着，学习效率有所降低，再加上学校对于复试是没有指定参考书的，我只能自己选择几本医院管理学的书来学习，除此之外，我还阅读了一些相关领域的文献，通过一些专业领域的公众号了解热点，准备了综合面试和口语话题。但备考方向的失误导致我复试成绩在拟录取名单里垫底，现在总结一些经验教训分享给同学们。

（一）重视考生自述

准备复试的过程中，因为没有医学背景，所以我把备考重点放在了专业书籍的学习记忆上，简历和考生个人自述是三天之内匆忙完成的，但复试当天评委老师基本上是在根据我的简历来提出问题，同时也指出了简历中数据不量化、叙述内容不全面等问题，让本来就比较紧张的我压力倍增，导致后面一些我准备比较充分的问题也没有完整地回答出来。因此，个人简历要从职业生涯规划课上甚至更早的时候就开始重视，复试准备过程中也要站在考官的角度根据自己的简历提出问题。复试准备阶段让我能够更加全面地认识我自己，了解到自己的优势和弱点。掌握面试主动权，充分展现自己的优势和备考成果才能在复试中取得好成绩。

（二）注重日常积累

清华大学要求考生在自述中写到自己的学术科研水平，我在写到这一项的时候十分后悔本科三年没有发表过论文，同时在写到实践和英语方面又无比庆幸自己参加过省级创业比赛，在大二时考过雅思。曾经看到过一句话：“明日的你一定会感谢今日奋斗的自己。”虽然我当时参加实践活动和考雅思的时候没有想过自己会考研，但曾经让我焦头烂额的比赛和考试最后都成为我简历上的亮点。

日常积累不仅包括课外实践，课堂上的机会也很重要，人文学院的专业很多都需要进行课堂分组并完成汇报。虽然很多时候小组成员的得分相同，但每个人的收获却不同，主动争取组长或者汇报者的位置可以锻炼自己的应变能力和表达能力，这些能力在复试中也会得到体现。

四、写在最后的话

从 2019 年 6 月到 2020 年 5 月，考研经历成为我大学生活中最漫长也是最刻骨铭心的历练，与高考不同，考研是一场孤独的博弈，没有老师，没有同伴，更不知道结局。这期间会经历自我怀疑、迷茫失措，甚至心态崩溃，但这个过程让我更加了解了我自己，也收获了很多技能。因为疫情，等待考研初试和复试成绩公布的过程变得格外漫长，在这段时间里，我做了无数次的心理预设，很多个夜晚梦见自己一败涂地。后来我意识到，一次心无旁骛的努力本身就已经很可贵了，无论结局如何，我们都成为自己的"王"。励志的话还有很多，但有六个字一直适用，这里把它送给"后浪"们，"不用怕，不后悔"。

祝愿毕业的我们和未来的你们都成为更好的自己！

刘建华:不做砧板上的一条咸鱼
(大连海事大学)

专业年级:轮机工程2016级
升学院校名称:大连海事大学
升学学科或研究方向:轮机工程
升学方式:考研

在查到英语六级成绩的那一刻,我知道,自己已经与保研失之交臂,脑海里闪过接下来的一幕幕都是我未来要去选择什么的画面。经历几天的低谷后,调整好状态、内心平静下来的我在2019年9月17日决定加入"考研大军",成为一名考研人。

在决定准备考研后,首先明确自己的目标,作为一名海大学子,四年的本科培养让我感受到了海大特色的教学理念,海大教师优秀的高尚品质让我对海大充满了感激与热爱。所以,综合考虑之后,我决定报考大连海事大学,在轮机工程专业继续深造。

在确定了目标院校后接下来就是选择自己感兴趣的研究方向,以我校为例,在学院官网上导师风采栏目中可以查到各位老师的个人信息,重点是大部分老师的研究方向也会有介绍,在这里你可以寻找自己感兴趣的研究内容,然后进一步联系老师。由于在本科教学中经常会与学院老师接触,对各位老师的研究方向都或多或少有些了解,所以在导师选择方面比起考外校的同学占有一些优势。以我自身为例,在分析自己未来研究兴趣后,确定研究方向,在考研之前就和心仪导师取得联系,说明自身情况后,老师非常热情并鼓励我。接下来,我将对专业院校选择、笔试和面试经验以及考研后期中的材料准备展开介绍。

一、专业院校选择

要想尽早开始复习，首先要做的是明确自身目标，给自己做一个准确定位，即选择专业院校。

首先，能否选好一个专业，往往很大程度上决定了你在攻读硕士学位期间收获的多少。在这里我把考研方向分为跨专业读研和继续攻读自己本科所学专业，因为在硕士研究生期间所选的专业很大程度上决定了你今后的就业方向，所以在选择前，一定要结合自身特点和兴趣，理性分析后做出决定。在确定好专业后就要开始筛选自己的目标院校，切记不要好高骛远，大家都希望一次成功上岸，所以目标院校应该是我们努力就可以看得见、摸得着的。关于信息查找过程，可以通过第四轮学科评估中的评测等级来确定合适院校，在研招网上可以查询到有关专业的院校目录，然后到该校的研究生院网站查询历年的招生简章以及其他重要相关信息，这其中也会包含初试、复试的复习范围、所用教材等重要信息，这对于初试备考可起到关键作用。

二、笔试和面试经验

关于考研的笔试，大致的流程一般都是基础学习、强化学习、真题模拟和冲刺训练。基础学习通常来说主要是按章节听课做练习题为主；强化学习更注重对专门的知识点去巩固；真题模拟部分是对近十几年来的真题按考试时间进行练习，然后针对错题复习相关知识点再反复练习；冲刺训练指的是最后阶段的模拟训练。

以我自身为例，我所报考的专业是轮机工程专业。报考该专业总共需要准备四门考试，分别是数学、政治、英语和工程热力学（专业课）。在准备过程中，我从咨询同学（研友）到关注各类考研资料公众号，几乎用很短的时间就收集到各门课程的主体复习资料，接着就是制订复习计划，每天按部就班地看网课、做笔记、做习题。

针对数学，我采用的方法是按章节学习网课，做每一章节课后对应练习题，总共复习两遍，每一遍复习后整理错题，按计划对错题进行复习，然后开始做近些年的真题试卷，每一套都是严格按照考试要求的时长来完成的。每做完一套试卷后，我都仔细地按照详解分析做错的题目以及有疑问的题目。在认真整理出来错题之后，对应到相应课程主体内容下的“分支”知识点进行巩固，随后在该部分做一些对应习题加深印象，在不断地挑错、改错和查缺补漏之后，即可近似地对知识点实现全覆盖复习。之后做各种“冲刺卷”的时候，不仅在时长上控制，更要在科目的相对应时间段控制，给自己营造一种类似考场的感觉。

关于政治，前期按照考研资料的相关视频课进行学习，每堂课都在对应教材上做笔记，同时做好标记，在这里建议大家可以准备多种颜色的笔便于自己区分重点与难点。听完课后进行习题训练，该项内容建议每学完一个章节，在第二天开始做前一天学过内容的习题。这是因为当天做题的正确率肯定会很高，这样不能真实地反映出你对知识点的掌握和记忆情况，隔一天做题是很好的方式，在做错题之后，明白自己哪里不会，哪里印象不深，针对这些再进行二次记忆，这很大程度上提高了我们的记忆效率。在知识点记忆方面，很多考研资料都会附带一些思维导图，其实我认为，这类思维导图也不过是其他同学在学习之后对知识点的梳理和归纳，如果只使用他人的劳动成果而自己不进行归纳和总结恰恰是使自己跳过了整理加深自我记忆这么一个大好的环节，当我们对一块知识掌握透彻的时候，自己整理出来的知识框架往往是适合自己的，也是最有效的，所以建议同学们在学习之后，一定要学会知识体系的自我整理。这样不仅对政治知识点有了清晰的框架结构认识，而且便于我们的记忆，实在是两全其美的事。

英语的学习首要的任务就是打好基础，每天坚持背一组单词并且翻译一段短文，这对于整个英语科目，无论是阅读还是翻译写作都会有一个很大的帮助。日积月累、熟能生巧是我对英语的总结。

关于专业课的学习，把考试大纲所要求的课程用书学透十分关键，想要拿高分就必须把每一章节都理解，书后习题是最大的宝藏，它可以有效检验你对知识的掌握理解情况，除此之外也可以去找一些相关的练习册，进行巩固提升。联系往届学长，收集各类复习资料不仅会使你复习得全面，更会使你对复习信心倍增。

面试的准备一般分为专业课内容笔试部分、综合素质及口语听力这两大部分。关于专业课笔试，学校下发的招生简章中就会包含其中的复习大纲，找到相关教材进行系统复习就完全可以了。面试老师往往会了解你在校的一些学习情况、科研经历以及英语的听说能力，这不仅是对你大学生活的一个了解，更是对你个人情况的一个全面分析。在这面试中你需要把自己最精彩的一面展示给老师：首先，衣着得体大方，言谈举止有礼貌；其次，回答问题声音洪亮，克服紧张，放平心态；最后，充分准备自己想要展示的亮点，以免在回答老师的提问时磕磕绊绊，这样会给人带来疑问。既然我们在大学里有所锻炼,那就一定要展示得淋漓尽致,这样才能体现出我们的与众不同。

三、材料准备

在考研的材料准备方面,主要还是面试这一关,需要同学们提交自己的材料。一些必备的证件如:身份证、学生证以及准考证一类;其他的一些证明材料作用在于证明你的综合能力以及在校表现,例如:本科期间成绩单、大学英语四级和六级成绩单,发表论文、发明专利、科技类比赛证书以及其他获奖证书等。后者往往是你在面试过程中表现自己的“垫脚石”,让老师通过你的大学经历来了解你个人的品质,你可以借助这些材料介绍自己,这样便达到通过复试的目的。

最后,无论你的目标定在哪里,都希望你都能脚踏实地,为自己赢得想要的结果。

出国留学篇

学在海大——优秀学习经验指南

谭维希:标化成绩不突出如何被名校录取

专业年级:统计学 2016 级
留学国家及院校名称:美国纽约大学
雅思或托福等英语成绩:托福成绩 97

首先明确一点,如果是申请美国的院校,硬实力和软实力是同样重要的。如果你各方面成绩都极好,本科所就读的学校也是顶级院校,但没有很好的学业背景,对应的经历很薄弱,或者看不出清晰的学术定位,是不行的;如果成绩不行,只有软实力能看得过去,也是不行的。但相较而言,在实战场上脱颖而出但成绩略低却被顶尖学校录取的案例更多。因此在考查综合实力的申请中,我们要结合自身情况,扬长避短,发挥自己的优势。

我的求学过程属于转专业后标化成绩不出彩、软实力背景比较突出的案例,我的例子也许并不适用于大多数人,所以我会以一个概述的方式结合自己的经历介绍整个美国留学的准备和申请过程。

一、前期准备

(一)确定目标

一定要尽早确定自己的目标,最好在大一、大二的时候就考虑好以后是选择工作、考研或出国留学,越早做好决定才能越早规划好自己的时间和学习计划。就选择出国留学而言,我建议尽早考虑以下几个问题:

1. 要去哪个国家?

不同的国家大学的申请难度、准备材料、注重的能力、留学时长要求等都是有差别的,比如美国和加拿大的学校需要的成绩一般是托福和 GRE/

GMAT,且大多数学习时长为2年,而英国的学校和澳大利亚的学校一般只看雅思成绩。应该结合自己的专业、兴趣、文化教育背景、经济能力等各种因素来选择自己想要去的国家。与此同时,也要考虑毕业以后是留在留学地工作、定居还是回国等问题。

2. 要选择什么专业?

一般而言,大多数人会根据自己的本科专业、兴趣、就业情况等选择申请与本科相关的专业,因为你的本科学习经历能够为你提供好的学业背景证明。如果选择转专业,就一定要在其他方面(自己学习该专业的相关课程、有与该专业相关的经历、本科专业与申请专业的相关性等)来弥补专业知识背景上的不足。

3. 是选择自己申请还是委托中介申请?

准备时间充裕、外语能力优秀的同学可以尝试自己进行申请,但是大多数还是会选择找中介,因为这样可以省下非常多的时间和精力。将申请过程中的琐碎工作交给专业的老师替你把关,而你则需要把这些时间花在提升自己的成绩和学业背景上。

4. 目前有哪些出色的背景,还需要提升哪些方面?

我们可以从学习成绩、科研成果或比赛、实习经历、志愿经历等多个方面审视自己。建议大二以后就不要参加无太大意义的社团活动了,要把更多的时间放在提升自己的硬实力和软实力上。

(二)计划安排

在确定目标之后,就要开始规划自己的大学生活。一般中介从签约开始就会全程为你服务,老师会为你拟订之后的计划与安排。结合自己的实际情况,我是从大二下学期(越早越好)开始准备出国留学的,要规划好之后哪个阶段应该做什么。比如哪一学期的课程比较重要,应该着重去刷GPA,哪个假期去参加实习、科研比赛或培训语言课程。此外,一定要选择跟自己申请专业相匹配、含金量较高的科研工作或者实习单位。

1. 语言学习

就我自己而言,我的语言成绩并不突出。到了申请最后阶段,除了一开始就拿到满意分数的同学,大多数同学都是在一次又一次地刷语言分数。我自认为我不是一个考试型选手,但是我在提高语言成绩上花了最多的时间,以下提供我的一些备考建议。

申请美国的大学一般需要两个标化成绩:语言考试——托福或雅思,研究生入学考试——GMAT(商科)或 GRE(其他学科)。一般大家的分数目标都是托福 100+分,雅思 7 分,GRE 最好 320 分以上冲 325 分,GMAT 600 分以上冲 700 分。

(1)学习阶段。如果不是英文能力较强可以完全自学的同学,建议还是根据自己的时间安排参加线下或者线上培训,能够让你对考试有一个清楚的脉络。一般语言考试还是有比较多的“套路”可循,集中学习后再去考试效果会更好。考位紧张,一定要尽早报名考试(最好提前一个月)。就托福而言,最难的是听力,考试中除了阅读外大量涉及听力,平时每天“磨”耳朵是非常必要的,所以说“得听力者得托福”。针对 GMAT,推荐大家一个论坛:https://forum.chasedream.com/forum.php,俗称 CD 论坛。里面有非常丰富的学习资源和各路优秀学习者的备考心得、申请心得(不仅针对 GMAT 考试,各类出国考试和申请资源都有)。每当我感到迷茫和沮丧时,我都会在论坛里看前辈的分享,能够找到一些有效的学习方法和学习动力。但是别人的学习方法可以借鉴,并不一定就是适合自己的,一定要找到自己的方法和节奏。GMAT 和 GRE 考试是非常考验逻辑思维的,英语水平只是你看懂题目的基础,真正考查的是你的思维能力。所以有时候“套路”并不起效,需要从根本上转变自己的思路。

(2)刷分阶段。到了后期,你已经对考试内容和流程都清楚过后,其实都是在查漏补缺,不断刷分。拟定好自己的学习计划,多进行复盘是非常重要的。这时候可能之前的题都已经刷完了,不要盲目地浪费新的题,这些是用来检测你的,在检测之前,你应该多整理错题、多复盘,甚至把之前的题重新做一遍,想想自己是哪里出了错,又会有不一样的认识。然后再多次模考,一次次吸取经验。

2. 考试心态

能力决定了你的下限,运气决定了你的上限。每个人都有许多次考试挫败的经历,到了准备后期,基本上都是在与一次次考试较劲。这个时候就是和自己的心态博弈了,要知道考试也是有一些运气成分的。在长期的备考阶段中,因为交叉准备两门考试,又是在上学期间,再加上我的 GMAT 是自学,我也曾经一次次地被考试折磨得体无完肤甚至丧失信心。但是要知道,标化成绩是一个门槛,但绝不是决定你申请结果的唯一因素。你应该尽自己最大努力去冲刺一个好的分数,但也要充分重视自己的其他经历,并且放平自己的心态。

二、学校申请

(一)择校

有许多同学一开始就有自己心仪的学校,这能够帮助他们在前进的路上更有动力。建议尽早了解你要去的国家是否有你要申请的专业比较有优势的院校,多去看学校的官网,了解项目课程,结合自身情况确定你的目标是前30还是前50、前100的学校?然后考虑地理位置、学科优势、校友反馈等各方面。一般可以将对象学校会分成3个档次:冲刺院校、中间院校、保底院校。制作一个选校表,尽早了解备选院校的地理位置、申请时间节点、申请要求和成绩要求甚至以往均分。一些优秀学校会有成绩的硬性要求,比如托福100分,雅思7分,GPA 3.0以上且不能挂科等。

(二)申请

6月以前:全面提升;7—9月:文书撰写+材料准备;10—12月:提交申请;12月—次年5月:准备入学;次年6—8月:行前准备。

我的个人申请情况:理科转商科,GPA 3.5,排名5/31,托福97分,GMAT 600+分(标化成绩非常一般),突出的主要是我的学业表现(学生活动干部经历,各类奖项、奖学金若干)、创业经历(一段两年的摄影工作室创业经历)和实习经历(银行和网络媒体公司实习经历),这些是商科专业录取时比较看重的,我相信也是最终帮助我拿到录取通知的重要因素。标化成绩不出色,所以一定要提高其他材料的质量,我在文书、面试这些准备上花了很多的时间与精力。

因为我要申请的专业在美国开设此研究方向的高校并不多,排除排名靠前的名牌学校,我剩下的选择也不多(因此还申请了两所澳大利亚院校),所以我没有只以排名为标准,而是考虑了地理位置、商业环境这些对商科研究方向比较有利的因素。因为2019年比较忙,我正式投递申请是2020年1月份了,后面一直在进行每个学校的文书撰写、面试和等待消息,最后于3月25日收到我的梦想学校美国纽约大学的录取通知。另外,发来录取信的其他院校有乔治城大学、波士顿大学、马里兰大学、伍斯特理工学院、佩珀代因大学、澳洲墨尔本大学和悉尼大学等高校,部分学校是带奖学金录取,无拒信。可能是因为择校选择空间有限,自己之前也不是很自信,所以学校选择上我没有一味追求排名前30或者前50的学校作为我的标准(不过建议大家还是可以多定一些冲刺目标,说不定牛校的招生官就看重了你某一方面的潜质），但是这个结果也已经大大超出了我和老师们的预期。

（三）面试

一般申请商科会有面试，理工科较少。我申请的美国学校里 4 所有面试环节，主要考查语言表达、临场发挥、专业理解等方面的综合实力。大多数学校都是视频面试，部分学校采取录像短片的形式（从题库中抽题录视频回答，类似于托福口语）。在收到邮件后，要尽快预约面试时间，与面试官交换联系方式。这时不要紧张，收到面试邀请说明你已经通过了学校对你的第一步考验。

在准备面试的过程中，一定要多查找面试经验帖，向面试过的其他同学请教，根据常问的几个问题准备一些大致思路（不建议背稿），多在家人和朋友面前演练几遍。面试官一般会根据你的简历对你进行提问，面试常问到的问题有：自我介绍；你的实习经历/团队协作能力/组织能力（商科较为注重）；长短期职业规划；择校原因等。有时还会问你的兴趣爱好和一些辨析性问题，比如你认为一个领导者最重要的品质是什么。

总的来说，你需要对学校和自己选定的研究方向有充分的了解，即使它并不是你最理想的院校，你也要表现出你的意愿和热情。面试官大多数都比较随和，你要做的就是像聊天一样回答他的问题，尽量表现得轻松一点，反而会留下一个好印象。面试时紧张是很正常的，但不要磕磕绊绊或停顿太久，多用一些句子比如“Let me think, what is the English name for that course?”等缓和节奏，给自己争取些思考时间。我在第一个学校视频面试时也非常紧张，但后面的面试就比较轻车熟路了。面试最后都会有 Q&A 环节，可以询问面试官一些课程情况或者什么时候会有申请结果等问题。

（四）材料准备

1. 文书

文书也就是 PS，是申请美国学校非常重要的主观材料，是能详细体现你各方面能力和你对目标院校的诚恳态度的资料。一般文书会包含几个方面：出国动机；大学学习表现和专业认识；参与的科研项目；实习工作经历；课外活动；学习计划或职业规划；择校原因等。

就我自己而言，因为我是由理科转为商科，所以我在文书里会谈到自己对两个学科的理解和它们的关联，以及我的背景和我具备学习好商科的能力。文书中我用比较多的篇幅来描述最想要突出的部分——我的创业经历和实习经历。这些都要结合自己对申请专业的理解，比如我的创业过程中是怎样运用商科的思维，我的实习使我具备了怎样的商业能力等。

文书能全面充分体现你的软实力和态度、决心，是需要花大量时间和精力准备的材料。要和中介老师不停地沟通和修改，针对不同学校的特点，完成好一篇优秀的文书。文书不仅要逻辑清晰，语言精练，而且不能只用苍白的语言表述，要举出细节的例子和数据，才能体现出真实性。

2. 简历

简历一般包括你的基本信息、教育背景、实习/科研/比赛等重要经历、多样性活动、获奖情况、技能特长、兴趣爱好等，需要你广泛罗列、简要呈现大学以来的经历，客观、全面、具有多样性。一般而言，商科学校注重实习经历，理工科学校注重科研成果。专业相关的活动，如建模、大学生创新创业训练项目、学科竞赛等都要尽量多参加且最好能获奖。

3. 推荐信

推荐信是侧面反映申请者的学术或工作能力、品质、习惯、潜力等的资料，其可以展现申请者的学习能力、创新能力、逻辑分析能力、专业知识掌握情况、口头表达能力、写作能力等。推荐人的选择不一定要是大家想象中的高职位头衔较高的人，更重要的是选择与你有直接深入接触、多方面了解你的人。一般会选择两位学科老师和 1 位实习单位直接领导或科研指导老师做推荐人，如果大家有顾虑，也可以找自己的专业负责人，老师们都非常乐意帮忙。我认为选择推荐人的优先度是：熟悉度 > 相关度 > 得分 >职位头衔，我自己找的老师并没有太高的职位头衔，但是都是我主要得分较高、接触较多的专业课老师，这样推荐信才能有更多真实可信的细节做支撑。建议几封推荐信分别从不同角度对你进行评价。

4. 本科学习材料：成绩单、在读证明、学位证、学历证等

一般申请院校会要求你提供前 6 个学期的成绩，少数院校会要求 4 年完整成绩单（有些可以后补）。所以在课程成绩都出来后，就可以找学校开具官方的中英文成绩单和在读证明等材料，有的需要装进专用信封里封存。美国大多数学校是要求做成绩认证的，所以你的电子版成绩单要尽早做 WES 认证（所需时间较长），以免耽误自己的申请。

5. 标化成绩

获得满意的语言成绩后，就可以尽早在考试机构官网提交寄送到学校

的服务了。

6. 其他材料

其他材料包括护照、资产证明等，艺术类专业有作品集要求，商科专业有些会要求提交工作校本。

总结：选择任何一条路都是不容易的，选择留学并且想要申请到好的学校更不容易。出国留学不同于国内考试，它全方面衡量你的个人能力，标化成绩和软实力同样重要。一定要早规划、早准备、早定校、早申请。尽自己全力冲刺好的标化分数，重视提升自己的软实力。2020年，受新冠疫情的影响，留学形势也非常严峻，留学类考试几乎都被取消了，选择空档一年的同学不在少数。大家一定要放平心态，这是对一次时间、精力、金钱的多重考验。一路上的辛苦只有自己才懂，所以更要让自己的努力变得值得。

谷鼎华:关于出国留学方面的经验分享

专业:轮机工程(海上方向)2016 级
留学国家以及院校名称:英国伦敦国王学院
雅思英语成绩:6.0 配语言课程
奖学金:无(学校只有博士以及两年制研究型硕士才有奖学金)

写在前面:出国留学,并不是对于每一个学生都适合。同学们在考虑是否出国留学的时候,不要人云亦云。最好知道自己想要的是什么,根据自己的生活习惯和性格来考虑是否适合出国学习。2020 年留学热因为疫情的原因有所减弱,许多已经取得录取通知的学生选择空档一年明年再出国。由此可见,明后年的出国热潮只会有增无减,竞争会更加激烈。

简单地介绍一下我自己,我是大连海事大学轮机工程学院的一名学生,前三年的 GPA(Grade Point Average,平均成绩点数)为 3.4+,拿到过两次奖学金。在大学四年中做过两次志愿者,大学生创新创业训练项目拿到过国家级奖项,是优秀共青团员,在大四上学期被评为“大连海事大学优秀毕业生”。雅思只在大四上半学年考了一次,成绩是 6 分,本来想再考一次,由于疫情未能实现,只能选择读语言。事实上我的英语成绩不是特别好,甚至有很多大一的新学弟、学妹们的英语能力都要比我强很多,如果要去欧洲国家进行学习的话,雅思要趁早考,最好是大三的时候将雅思拿下,雅思成绩有两年的有效期,这样就不会陷入没有语言成绩的尴尬局面。

在申请欧洲的院校时,有两种选择:一是可以在大四上学期申请,这时候如果通过,学校会给一个有条件的录取通知,学校需要大学前三年的学习成绩。在通过后,补上大四的成绩、语言成绩和所要求必需的学位证、毕业证。第二种就是在大四下学期申请,这时需要大学四个学年的成绩、语言成绩和毕业证、学位证。两者看起来似乎并没有太大的区别,但是欧洲特别是英国的院校遵循的是先到先得的原则,诚然一个学生的 GPA 以及奖项拿得非常之多,但是申请得较晚可能会导致在自己想去的学校和专业没有位置而申请失败。因此,在我看来最好选择第一种的申请方式。顺便提一下,由于这些年的留学热,在申请的时候需要缴纳一笔申请费,每个学校的费用标准是不一样的,可以通过询问中介或者直接问学校以及网上查阅获知。如果确定了录取通知的学校就可以直接交付押金,每所学校需交纳押金的具体数额也是不一样的,可以在学校给你的邮件中看到。正式入学后,押金会抵冲学费。

关于国家的选择,从工商科角度来说,相比美国,英国的商科实力是比较强的;但工科实力相比美国要逊色一些。如果从费用和时间来考虑的话,大部分欧洲国家学校的授课式硕士学位课程专业是一年制,以英国为例,除了伦敦以外的周边学校,学费和生活费费用大概为 25 万~30 万人民币,而伦敦就可能要 35 万~40 万人民币。而美国无论是研究型硕士还是授课型硕士专业学制都是两年甚至更长,综合下来的学费和生活费的总和要比英国那边高出很多(当然英国的研究型硕士的学制也是两年)。至于选欧洲学校还是选美国学校,还是要看个人意愿以及家庭的经济实力。

如果自己想出国,那你在大三的时候就应该拿到合格的英语成绩,以及要保持好自己四年的学科成绩。对于 GPA,这也是很关键的一环。国外的学校是特别看重学生的成绩的,就算是 211 以及 985 的大学,如果想去世界前 100 名的学校,综合绩点也应该在 2.5+,如果是前 50 名的学校要求绩点在 3.0+,而前 10 名学校,绩点最起码要 3.5+。特别是,如果你在大一、大二时就有了一个比较心仪的学校和专业的话,应该早一些去关注这个学校的专业具体更看重你这些学科的哪几项。举个例子,曼彻斯特大学的机械设计专业比较看重学生的数学能力,以及有关该专业的学术背景。所以你的线性代数、概率论以及数理统计和高等数学的成绩就不能太低,还要学过相关的知识才行。

关于申请,最重要的一点是专业的契合度,简单来说,外国的学校特别看重你在大学学习的课程与你所报的专业是否契合。所以,在国外想要跨专业进行学习是相当难的,国外学校会因为你没有该门课程的知识储备而拒绝你,尤其是竞争很激烈的专业。最好是从你当前的专业的一个大类中进行选择。就拿我来说,我的专业是轮机工程专业,但我的大类是机械工程方向,所以我报了格拉斯哥大学的机电一体化专业、伦敦大学的国王学院的机器人专业和谢菲尔德大学的高级机械控制专业。事实上我还申报了伦敦大学的电力系统工程专业，结果可想而知，因为没有大学的知识储备且 GPA 不是很突出所以被拒绝，这很正常。

关于申报流程，这里举一个我的例子，我是大三下学期决定出国并且开始委托留学中介。如果从一个过来人的角度看，中介也不是那么的必需。事实上，自己申请是完全没有问题的，但当时由于我们没有接触过这一方面的信息，所以选择了一个看似保险的方法：选择找中介帮忙。大三结束，前三年的成绩就出来了，可以向有申请经验的人或中介进行询问，看自己大概能去一些什么样的学校，再从中选优。到了大四上学期，就开始向中介提交你的成绩单和在校证明以及成绩与绩点对应关系证明，这个可以在学校教务处开具，打印出来后再扫描为电子版发送给中介。之后再去找两个老师写推荐信，如果之前就找了中介，只需得到老师的首肯以及老师的手机、名字、邮箱、职称信息，再将信息汇总到中介，中介会帮你写推荐信。之后你可以将你前三年的获奖情况和证书，以及个人的一些情况和信息汇总。具体内容包括：

(1)个人信息：姓名、性别、E-mail、出生日期、出生地、手机号码。

(2)教育背景：大学名称、学院、就读时间、专业、平均成绩、排名。

(3)标准考试：托福或雅思的各项成绩以及考试日期。

(4)课外活动：社会实践、校内外团体活动、文娱表演、创造发明等。

(5)奖励及荣誉：各方面的奖励和荣誉，注明奖励名称、获奖时间、颁奖单位。

(6)兴趣爱好：简单地介绍一下自己的爱好，让学校更全面地了解你。

(7)其他信息：英语四、六级，专四、专八，笔译口译证书，计算机水平证书。各资格证书提供复印件后扫描。

(8)出国深造的动机：①为什么选择出国，什么时候有这种想法的。②出国深造的计划受什么影响。

(9)专业的选择：①欲申请的专业，感兴趣的方向。②为什么选择该专业。③专业兴趣是如何培养的。④学习目的、目标以及毕业后的职业目标。

(10)个人经历：个人生活经历、有无显著的成绩、遭受重大挫折以及如何克服、认为最大的成功和失败是什么。

(11)自我评价：申请该专业的最大优势和劣势是什么，托福和雅思成绩是否真实地反映了你的英文水平。

将这些具体内容汇总之后交给中介，他来帮你写文书，或者自己上网查找文书的写作方法，自己写也是可以的。个人还是推荐找中介写。

关于推荐信的内容，除了前文提到的职务、E-mail（学校官方邮箱）、电话、通信地址、邮政编码以外，还要求有推荐人的基本情况、推荐人与申请者的关系（何时、何地以及通过何种途径认识，如果是你某门课程的老师，那门课的考试分数和排名以及课堂表现），推荐人是否执导过研究，介绍研究项目和成果。还有推荐人是否了解你其他方面的能力，例如特长和综合能力等，并用事例说明。学校在审核期间，会给你的老师发邮件，如果你有中介帮忙，那么就将该邮件转发给中介让他们来回复，否则由你或者老师来回复即可。

此时，万事俱备，只欠东风。当一切准备都完成后，这时候你只需静静等待结果。不同的学校处理申请的时间是不一样的，据我所知伦敦大学是比较慢的。大部分学校可能会在 12 月或第二年 1 月左右告知你的录取信息。如果遇上申请地发生罢工，可能还需要再等一段时间。在拿到录取通知后，你就可以支付押金和预定住宿了，多了解一下那里的住宿环境，然后选一个自己满意的宿舍，具体的信息在各大贴吧以及学校官网都可以找到，住宿也是推荐较早来解决，以免选不到合适的宿舍。之后将大四成绩，以及毕业证、学位证补齐，静待 9 月份开学。

最后，希望我的经验可以帮到你们，祝你们可以申请到心仪的学校。

许欣:英国留学经验分享

专业年级:交通管理(英语强化)2016 级
留学国家及院校名称:英国伦敦帝国理工学院
雅思或托福等英语成绩:雅思 7.5(6)
奖学金:无

下面主要针对英国申请学校的选择以及申请材料的要求,结合我的经验做一下分享,希望能给大家提供一些参考。

在学校的选择方面,主要考虑的因素如下:

(1)学校的综合排名和专业排名。排名可以参考 QS 世界大学排名或其他专业的机构提供的排名。一般可以申请不同排名分段的学校,合理设置自己的保底学校和冲刺学校。

(2)专业匹配度。一般情况下同专业申请比跨专业申请容易。如果跨专业申请的话,一定要关注一下自己有无参加过申请专业相关的活动或实习;同时一些专业要求本科一定要学过某些科目或对某些科目的成绩有一定要求(比如数学成绩不能太低),可以参考学校主页上课程设置信息。满足以上要求可以给我们的申请大大加分。

(3)本科学校是否符合要求。英国学校比较关注申请人的本科背景,对于 985/211/双非院校的学生的要求不同。有些大学会有一个自己的列表(比如曼彻斯特大学的商学院),本科学校在列表之外的申请人申请难度会比较大。微博上有一些申请时间线的分享,有一定参考意义。

(4)学费和生活费。不同学科的学费有很大差异,生活费也因地区而异。一般伦敦地区的生活费会高一些,英国内政部给留学生发布的生活费指导预算(仅包含食宿费用)为:在伦敦地区为 1 265 英镑/月,在非伦敦地区为 1 015 英镑/月。伦敦地区的租房价格也会高一些。大家结合自身经济状况合理选择即可。

英国留学的主要申请材料如下：

(1)个人陈述(Personal Statement,PS)。个人陈述主要展示自己申请学校和专业的原因,与专业相关的能力以及职业规划和目标。一份有亮点且思路清晰的陈述书可能是你申请成功的关键。个人陈述不是内容的堆砌,最好有一个主旨或主线,站在招生老师的角度想想怎样才能打动他们。注意要将文章的侧重点与学校的要求相匹配,比如有些学校更重视你的职业规划,有的更重视我们择校的原因。在同时申请几所学校的情况下,用同一份个人陈述是不妥的,建议根据学校要求进行修改。个人陈述一般700~900字即可展示全部内容。部分学校(如华威大学)会要求个人陈述的字数不超过600字。

(2)英文简历(Curriculum Vitae,CV)。内容主要包括基础信息、教育背景、学术经历、实习经历和比赛奖项等,时间线一般是倒叙,即最近发生的放在前面。注意简历不是信息的罗列,要有所侧重,避免出现无效内容。在排版合适、适当取舍的情况下,一页A4纸是足够的,即使背景非常丰富,英文简历也不建议超过两页。

(3)两封推荐信。一般邀请教过我们的老师做推荐人。如果找不到本专业的教授和副教授,讲师也可以。因为学校只是想通过推荐信来侧面了解我们,通过与我们日常接触的老师了解我们更有可信度。当然如果你认识行业的领军人物,请领军人物帮忙写推荐信肯定最好啦。英国学校可能需要我们的推荐人通过邮件提供的链接来提交推荐信。这种情况下,我们需要提前和推荐人沟通,如果推荐人事务繁忙,可以拜托他们把邮件转发给我们处理。

(4)雅思成绩单。国内2020年6月的雅思考试由于疫情取消了,建议还没考过的小伙伴时刻关注官方信息,预约之后的考位。不过即使在申请时语言成绩没有达到学校要求也不用担心,在各方面优秀的情况下,即使雅思成绩不够,学校也可能发放条件录取信(Conditional Offer,需要在规定时间前达到学校的标准,学校才会发放无条件录取通知)。同时,英国许多学校也为母语非英语的学生安排了3~10周时间不等的语言班学习。

(5)GMAT成绩。一般非商科的专业不会硬性要求GMAT成绩的标准,如果有的话也是个加分项,而且分数越高越好。建议大家结合自己精力考虑报考与否。

(6)成绩单(中英双语)和在读证明(中英双语)。这两项分别需要我们去学校档案馆申请和在学汇楼自助打印机打印。中英文成绩单一般申请三天后即可拿到(疫情期间是否可以邮寄请向学校档案馆咨询)。

(7)各种证书。各种专业相关的竞赛、活动的奖项、奖学金、证书等都是申请的加分项。请大家保存好它们的原件。

除了选校和申请材料,还有几条小贴士:

要善用英国学校官网,我们不仅可以在上面查找专业信息、申请要求,有些学校还在官网上提供手把手申请教程、就业情况等信息。大家多去探索一定有不一样的收获,说不定会给个人陈述的撰写带来灵感。

等待录取通知是一个漫长又艰难的过程,我在2019年10月底完成了全部的申请工作,经历长达五个多月才全部收到回复。这期间若是收到了拒信,难免会沮丧甚至产生自我怀疑,消极的情绪往往会让你等待的过程更加煎熬。希望大家申请后放平心态,放松一些;多读书、多学英语来提升自己,也可以找找实习单位,充实一下生活,愿你想要的录取通知如期而至。

魏玮明:英国留学经验分享

专业年级:交通管理(英语强化)2016 级
升学院校名称:英国伦敦帝国理工学院
升学方式:留学申请

一、明白自己想要什么

很多大一、大二的同学在入校的前两年会感觉比较迷茫,缺乏对毕业后一两年,甚至更长时间的规划。正所谓“种瓜得瓜,种豆得豆”,要想在大三以及大四有所作为就要在读大学初期早做打算。我个人的建议是在大一广泛地接触学长,打听关于未来就业与读研的消息,同时培养自己的兴趣,更努力地提升自己。苏格拉底曾说:“人的一生就是不断认识自己的过程。”所谓“认识”,就是看自己适合于或者更倾向于哪一方面的工作,比如做学术、搞研究抑或是待人接物、与人接洽,对自己有一个更加深入的评价;在大二上学期,就基本要有大四毕业后的目标,比如保研、出国或者就业。拿我自己举个例子,我就是在大一下学期打定了出国的主意,之后每个假期都有针对性地给自己制定一些小目标, 比如这个学期的 GPA 要达到多少,这个假期我要完成某个或者某几个公司的实习。当你每个学期跟寒暑假都能完成自己制定的小目标时,你会信心倍增,到大三下学期定会有所收获。

二、GPA 是申请之关键

第一,很多同学总会有“反正我要出国,大不了最后可以重修”这种错误的想法,虽然出国成绩单上的成绩会被重修的成绩所替代,但是重修需投入大量的精力,导致当前学期的成绩受到影响,最终恶性循环,“拆了东墙补西墙”,想要重修的科目越来越多,最后压力过大,身心疲惫。对此我的建议是应用TQM(Total Quality Management)学习法,既然必修课程的学习不可避免,那就一次高质量地通过,不要返工,这样可以事半功倍。第二,注重所申请学校的专业的核心课程与本校专业课程的衔接与匹配度,尽量不要选相关性不强的任选课。选择相关性不强的课程虽然可以刷成很高的GPA,但是也会降低目标院校评审人员对你的整体评价,多选择与申请专业有联系的任选课,有利于提高你在众多竞争者中的竞争力。第三,很多同学认为成绩没有用,大学毕业之后只要自己的能力足够强,能找到合适的工作就可以了,把时间多花在拓宽人脉或者考证等其他方面,这种认识是有些片面的。正所谓:学历决定下限,能力决定上限。特别是经济形势不是很好的今天,我们当中的绝大多数人也只能达到所谓的“下限”。所以当你不知道要干什么,或者觉得自己干不了什么的时候,好好学习、稳住绩点永远是最正确的选择。

三、尽量在大二取得达标的语言成绩

近几年申请去英国、新加坡各高校留学的竞争愈加激烈,很多顶尖院校都提出了语言直录的要求,这其中的代表就有爱丁堡大学等世界顶级名校。所谓语言直录,就是递交申请时语言成绩就要达到其项目要求的语言水平,而不是之后拿到条件录取信后补充提交,所以要在申请前务必了解自己所申请学校的语言成绩要求,并尽量在大二下学期至大三上学期这个时间段拿到达标的雅思成绩,一是因为有六级学习的热乎劲,二是因为大三的重心会放到专业课成绩以及课外实习上面,精力会有所不足,越早拿到合格的语言成绩,心态放得越平,而临近申请再准备语言考试难免心态会有所恐慌,反而发挥不出自己最好的水平。同时,还要重积累、少突击。2020年受疫情的影响,雅思和托福考试长时间地停考,很多院校认可PTE学术英语或者语言学习的语言成绩申请入学,这时候积累的价值就体现了出来。每天都给自己定一篇外刊文章的阅读任务或者单词背诵任务,提高自己的词汇量,更加从容地适应外文环境,在此基础上再结合各种考试的出题特点选择性地发掘与掌握一些解题技巧与经验,这样才更容易得到满意的语言分数。

四、比赛与实习要有所侧重,戒骄戒躁

本人其实并没有很多的比赛经历,但拥有包括校企交换在内的在世界

五百强、普华永道、中外运、安盛保险等企业的几段实习经历，因为较早明确了出国的大目标，所以侧重点就向所申请专业相关实习有所倾斜。鱼与熊掌不可得兼，人的精力都是有限的，不可能两者都抓，所以要把握好实习与比赛的度，要问一下自己“我参加这个比赛跟我所申请的专业相关吗?”“它能增加我的申请机会吗?”经常用STO模型明确一下自己的长期与短期的战略目标，明白自己要的是什么对成功至关重要。如何把握好自己的节奏是一个值得研究的问题，因为大家都难免会在意别人的目光，这时我要重申我的第一条建议，明确你想要什么，理性地分析一下你想做的事能否帮助你得到你想要的，之后再做决定，而不是盲目跟风，不要人云亦云。

五、有选择地考证，提高自己的身价

“你之所以被选择，是因为你有不可替代性。”申请留学也是如此。如果你的背景跟同专业的其他同学相差无几，那么一份证书可能就会让你脱颖而出，本人本科是交通管理(英语强化)专业，但是选择了考取国际注册会计师证书，同时拿到了牛津布鲁克斯大学应用会计学的二级甲等本科学位，并且我也发现同学院的优秀同学也都在考取国际金融分析师(CFA)、日语、西班牙语等不同类型的证书来提升自己。当感觉自己在学习之余尚有余力时，利用周末以及假期的时间考取合适的证书能给你的简历增添浓墨重彩的一笔。

六、申请时选择性地听取中介的建议

大部分同学在留学申请的时候都会选择委托中介申请，但是中介属于营利性机构，他们大部分的考量是基于自身利益的。大多数时候中介帮你选定学校的层次会略低于你的真实水平，以保证录取率(合同上有相关保底条款)，此时中介会有意无意地降低你的期待，而学长的经验才更为中肯。往届都会有专业群[比如交通管理(英语强化)专业已经连续8届共建一个大群]，在这里你可以向往届学长们询问经验，同时获得更为靠谱的申请材料与定校名单。

七、与专业课老师、教授等保持良好的关系

大部分国外学校在申请的时候需要导师推荐信，保研亦然，所以与导师保持良好的沟通状态是绝对必要的：一来他会给你的推荐信提出修改意见，提高申请的成功率；二来有的学校会根据信函上提供的联系方式随机

对推荐人进行回访，以验证推荐信的真实性，如果你只是找导师签了个字，而导师对你并没有很深的印象，那么回访时大概率导师也不会突出你的亮点，从而不利于申请成功。

八、保持良好的心态，一切都是最好的安排

想要提保护良好心态这一点是因为自己在这一点做得很不好，第一就表现在有某一门课程成绩不理想或者感觉自己考得不好之后情绪就会很低落，其实一两门成绩不理想不会在很大程度上影响申请的成功率，实在不行还有重修的机会，我也有几门 70 多分的课程并且所占学分不少，但是到最后也没有选择重修。当一两门科目发挥不正常的时候应调整自己的心态，告诉自己影响不大，过去了就不要再想了，继续坚持自己的目标。第二表现在申请季的焦虑上，名校的录取通知下发时间都较晚，前一年的 9 月开始申请，可能到次年的 2—3 月份才会有进展，中间有小半年的时间。在这段时间如何克服焦虑呢？个人的建议是专注于某一件事来转移自己的注意力，比如开始动笔写自己的毕业论文，或者出去找一份实习工作。倘若没有达到自己想要的结果也不要气馁，所谓一切都是最好的安排，尽人事而听天命，只要自己努力过了，就不会后悔。

张乐诗:留学申请经验

专业年级:交通运输(外贸运输)2016 级
留学国家及院校名称:英国伦敦帝国理工学院
雅思或托福等英语成绩:雅思 7.5 分

一、语言学习

我的雅思成绩为 7.5 分,各分项分数分别为:听力 8.5 分、阅读 8.0 分、口语 7.0 分、作文 6.0 分。

听力和口语是我个人认为整个备考过程中最轻松的两项,我不认为短时间的学习可以很有效地提升这两项的成绩,因此要养成长期的英语学习习惯。你还可以用一些小方法来提高自己的英语成绩,譬如关闭字幕看美剧,遇到频繁出现的生词要及时查词典并记下来,以各种方式增加词汇量。听力准备方面,我建议做题不必贪多,题目精做比多做更有用。我首先把真题中各类题型完整地做了一遍,做的过程中我感觉到地图题有些吃力,于是我就把每本书中的地图题都做了一遍,哪篇做错了就反复听,并且要结合书后面的原文逐句听,确保每一篇不留疑问,很快就能看到明显的效果。

阅读是绝大多数人的强项,那么雅思考试时面临的挑战就来源于时间限制,这一部分我建议多练以提升速度。另外,要明确哪种阅读方式适合自己,有的人可能善于抓文章中的关键词,先读题,然后去文章中定位关键词,我最初也是这么练习的,但后来发现我更适合先全篇通读再做题的方式,建议结合自己的习惯看如何更快、更好地完成阅读部分。这里我想再次强调词汇量的重要性。

对于口语部分,我建议平时多积累,多听、多练、多说,听力和口语有共通性，我在考前分配给准备口语的时间只有一个晚上，考前我把机经中每一道口语题都联想几个关键词，大致想一下需要表达的内容。我更希望在口语考试中保持一种和考官交流的状态，考官的提问是根据我们的讲述有逻辑地展开的，因此只要你对要讲述的这件事有足够了解，对考官的每一问都能做到对答如流，就可以了。保持发音标准、逻辑清晰，避免背稿，思路中断时用口头语给自己迅速整理思路的时间，注意面部表情和手势动作，这一部分就可以顺利地完成了。当然，建议英语基础较差的同学考前熟悉每一道题，在能流利回答的基础上努力改善发音问题，可以让同学做考官模拟考试，坚持多练。口语部分同样适用于后期专业的面试，例如香港大学部分专业有线上面试，除了练习面试真题外，上述的口语练习方法也同样适用。

关于作文部分我的建议是熟练掌握各种模板后内化成自己的东西，多写、多练，这一部分我练得很少，也没有套用模板，所以成绩一般。建议大家一定要多练，写完拿给老师看，考试时切记不要跑题。

二、学校申请

申请学校时可以选择自己申请或是委托靠谱的中介申请。我为了节约时间所以选择了委托中介，选择的时候可以进行多家对比，听听择校方面的建议，选择规模大一点的正规中介或留学机构可以达到事半功倍的效果。我一共申请了四所学校，分别是英国帝国理工学院、新加坡国立大学、新加坡南洋理工大学以及香港大学。关于择校方面中介建议我再选其他保底校，但我在确信自己不会去其他学校的基础上拒绝了这个建议。我把英国申请这一块交给了英国帝国理工学院毕业的学姐所创办的留学机构，新加坡及中国香港地区的大学交给了另一家中介申请。对比来看，学姐所在留学机构更负责，对各个节点的把控更准确，比如英国帝国理工学院开放申请的当天学姐就联系我提交申请，而中介方在某专业已经开放申请了一段时间后经我提醒才知道已经开放。所以一定要擦亮眼睛，多听学长的建议，选择靠谱的中介，材料准备阶段以及申请阶段都要主动多次地联系中介。择校方面也要充分考虑自己的需求，建议不要盲目听从中介的建议而选择自己并不想去的保底学校。

三、教授推荐

推荐信可以由中介撰写，但需要自己提供素材，包括你在推荐老师课上有什么突出表现，这门课成绩如何，是否在该老师的课题研究方面有什么参与项目。建议选择成绩较好的两门课的老师，课上和课后都积极表现，提前与老师沟通。没有课题的话可以咨询相关老师当下有什么你能参与的课题，不用害羞，老师都会尽力帮忙的。另外，你需要和老师提前沟通好后续都需要做什么，比如可能会需要老师确认、发邮件等，为了节省老师的时间，有些步骤可以自己做，具体的流程中介都会告知，一定要尽早联系老师。

四、材料准备

所有需要的材料及份数中介都会发一个列表让你提前准备，可以多准备一些，这样可以避免多次麻烦老师，我自己就犯过一开始打印的推荐信份数少了之后又需要联系老师再去签字这样的错误。实习要提早准备，实习时间不要太短，要有中英文的实习证明，最好用企业的抬头纸打印，需要去档案馆打印中英文版的成绩单，其他材料基本上都可在教学楼的机器上打印，有任何疑问都要及时与中介联系，以防出错。

马瑀:海洋工程相关专业留学申请总结

专业年级:船舶与海洋工程 2016 级

留学国家及院校名称:

国家	学校	专业	状态
英国	伦敦大学学院	Naval Architecture	offered
英国	南安普顿大学	Computational Fluid Dynamics	offered
英国	纽卡斯尔大学	Marine Engineering	offered
英国	思克莱德大学	Ship and Offshore Technology	offered
挪威	挪威科技大学	Marine Technology	waiting
挪威	斯塔万格大学	Marine and Offshore Engineering	waiting
瑞典	瑞典皇家理工	Naval Architecture	waiting
瑞典	查尔姆斯理工	Naval Architecture and Ocean Engineering	waiting
新加坡	新加坡国立大学	Offshore Engineering	waiting

雅思或托福等英语成绩:IELTS 7.0 分

奖学金:无

留学申请所需材料一般来说包括:语言成绩、个人陈述(PS)、简历(CV)、推荐信两封、成绩单、护照照片页、文凭(在读证明)。当然,不同国家的不同学校要求的材料还会有些许差异。接下来,结合材料的准备情况,我将详细讲述申请过程。

从我个人观点出发,留学如果是以“镀金”为目的,那么海外留学将是性价比极低的,因为海外留学本身需要投入的经济和时间成本就很高,而海外硕士文凭持有者在与国内硕士在应聘岗位上竞争时并不能显示出更大的优势。因此，应该理性做出出国留学的决定，要做长期规划，将留学投资效益最大化，这样的思考是对自己和家长负责的表现。留学申请的优势在于海外跨文化教育经历，在此经历中，得益于国外高校的教育方式以及科研项目经历，留学生拓宽的是自己的海外就业竞争力。考虑到职业生涯的规划，这里就可以引出留学计划首先要考虑的问题，就是选校与选专业。

跨专业申请国外院校并不是值得推崇的一件事，即便有成功的案例，也是极少数，而且从教育衔接性的角度出发，专业相关度高会让硕士阶段的学习更得心应手，因为有本科阶段的知识框架做铺垫。由此，专业的选择需要两个准备工作：首先是对自己本科阶段专业课程体系要有足够的了解，清楚专业领域的主要发展方向；其次是针对自己所学内容主题去寻找相应的院校，通过这些院校的官网去了解它们的课程设置与科研方向。这两个准备工作的重要意义在于能帮助我们对自身有一个更深入的了解，从而帮助自己完成一份更合理的个人叙述材料。以我自己为例，我本科的专业是船舶与海洋工程，所学内容最核心的是基于流体力学对海洋结构物的水动力分析以及基于结构力学对结构物强度稳定性的分析，常用方法是CFD方法和有限元方法。根据自身的专业领域，我在网上根据一些学校榜单或者网友发布文章来圈定一个院校范围，接下来是进入这些院校的官网找到相关专业（对于本人而言，往往先要搜寻“Engineering”门类，然后去找有“Ship”“Naval Architecture”“Offshore”“Marine”等标题的专业，当然有些学校的相关硕士项目会归类在“Mechanical Engineering”或者“Civil Engineering”下面），最后在官网上了解到专业的课程设置以及招生要求。有了这些了解，你就可以准备申请材料了。

材料的准备要从语言成绩说起，如果不考虑申请美国的院校，雅思考试成绩其实就已足够；如果选择美国院校，你同时要有托福和GRE成绩。雅思考试的准备其实只是留学申请中的一个小环节，当然成绩越高，更容易拿到排名更高的名校给出的录取通知。然而相比于本科在校考试成绩、个人科研比赛等活动经历以及个人的详细总结与规划，这个语言考试不应该占用过多的时间。雅思考试成绩对于申请来说是一个硬性指标，但对于很多学校来说（尤其对于英国的学校），补交成绩也是被允许的，这就意味着可以在先拿到录取通知的情况下再去提供雅思成绩，但在申请时就提供一个良好的语言成绩毫无疑问可以增加被录取的机会。对于如何去学，就个人经历而言（自己报过培训班，并在留学机构实习过），自学更值得倡导，因为如今互联网环境促使自媒体迅速发展，教育考试类自媒体之间良性竞争给予了雅思考生丰富的学习资料，b站、知乎等平台都有很多免费课程的视频，其中甚至有很多从事过雅思考官职业的海外博主在经营自己的网课。阅读和听力只需要通过做剑桥雅思以及九分达人的练习题就可以训练出较高水平；而对于口语和写作就一定要不断用近几年的真题去磨炼，得高分需要多说、多写，没有捷径可言。

接下来是个人陈述的撰写，从个人角度出发，个人陈述必须要用心完成，如果找了中介，一定要把中介写完的文书认真揣摩并进行更改，使文书更符合自己的想法与经历。个人陈述一般包括如下几个部分：

（1）一个话题引入，带出对此领域的兴趣是如何形成的；

（2）一个教育经历总结，要表明自己在本科教育的一些课程中的主动学习过程，要突出自己完成课题或者任务的思考过程以及感悟收获；

（3）一个对竞赛或者科研经历的小总结，同样也要突出竞赛或科研过程中的思考与收获；

（4）学习外的活动经历，从而呈现一个全面发展，有领导力、执行力、合作能力的自己；

（5）一个对理想以及未来职业发展的规划，与所要申请的硕士项目结合，间接体现自己事先做过很多功课，动机性强；

（6）一个最后总结，表达自己主观上对进入此硕士项目的强烈意愿。

以上就是我在完成个人陈述写作时划分的模块，而且中介老师的撰写工作也是在这些模块内容的基础上进行完善的。当然，各模块内容要根据实际要求字数以及学校专业特色做出调整，最后提交给每个学校的各个陈述会有所差异，但都是根据第一份较完善的通稿进行更改而得到的，而且内容大致相同，将个人陈述结构与逻辑变得更加紧凑流畅，使之成为一份属于自己的最完美的个人陈述材料。要想写出满意的个人陈述，就要结合前面所说，第一，要充分了解自己，了解所要申请专业；第二，要有良好的英语写作能力，能清晰连贯地阐明自己的所思、所想；第三，需要适当寻找合适的人对自己的文书给予指导与修改意见。

制作英文简历时，要坚持详略得当与美观大方的原则，要凸显自己的竞争优势。平均成绩、奖学金获取情况、实习经历、活动经历、科研经历、持有证书以及专业技能等都要客观简明地列出。要说的还有推荐信，推荐信需要两封。国内通常做法都是学生自己写完找老师签字。应注意一定要找比较了解自己的老师，而且这位老师能及时完成后续的邮件确认环节。推荐信中的内容是对自己的客观评价，主要从课堂表现到考试作业，再到与老师的接触交流等方面评价自己。要做到客观真实,并且两封推荐信的风格要区分开来,以避免雷同。

以上就是对如何完成基本申请材料的总结。在拥有基本申请材料后,就到了申请环节的准备申请工作部分,这里要强调一下:一定要事先准备好护照以及维萨或者万事达卡,因为申请时的申请费支付要通过维萨或者万事达卡完成。此外,还要准备特定国家以及学校需要的材料,比方说德国学校需要 APS 审核,挪威学校需要学信网成绩或者学历认证,瑞典学校需要自己根据欧盟学分体系转换学分。在准备工作都做完后,就可以根据不同国家的申请时间进行申请,在国外学校官网上传材料、填写表格前要仔细阅读各学校给出的申请指导,申请过程中遇到问题要及时发邮件与学校联系,以便于顺利提交申请。

自己完成留学申请相比于委托中介的好处在于自己能严格把握申请整体进程,可以避免因被中介误导而耽误申请的事情发生。此外,自己完成申请非常锻炼申请者的能力,能让申请者更了解自己的优势与劣势,给申请者在学术领域写作开一个好头,因为文书撰写需要掌握很多专业词汇,当然更能锻炼自律以及时间规划安排能力。即便需要付出很多辛苦与心血去独立准备,但这个过程非常值得一试,此过程走完一遍其实也会帮助申请者更好地做好留学前的心理准备。

此外,要总结一下我所在的船舶与海洋工程专业可以申请哪些学校(这份总结中的学校不包括美国和澳大利亚等国的院校)。

一、英国高校

英国的航海相关专业主要有四大学校值得申请,分别是伦敦大学学院、南安普顿大学、纽卡斯尔大学以及思克莱德大学,这几所学校的航海专业都非常不错,学校教学团队都非常优秀,当然英国留学费用不低,学制普遍为一年制硕士。思克莱德大学与海大有合作,申请会有一定程度的学费优惠。我已经拿到了上述四校的录取通知,比较倾向于思克莱德大学。它位于苏格兰,环境安静并且有两年硕士项目,与德国汉堡工业大学“1+1”联合,性价比更高。

二、北欧国家高校

北欧的学校普遍费用不高,尤其是挪威的学校免学费,条件极其诱人。挪威作为世界船舶及海工领域带头国家,有 DNV · GL 这样的著名企业为业界推动技术发展与规范制定做出表率。因而挪威的学校非常值得申请，首先要推荐的就是挪威科技大学(NTNU)，过去有Faltison这样的大教授坐镇，现在的教授很多出自其门下；其次是斯塔万格大学以及特罗瑟姆大学，也在此领域有着较为不错的成绩。

瑞典有两所学校很值得申请，就是瑞典皇家理工学院以及查尔姆斯理工大学。这两所学校的专业设置都很不错，学校在世界大学的排名也很靠前，并提供丰厚的奖学金。瑞典学校的申请都是在一个统一的申请网站，需要将专业院校排序，按照顺序进行录取。

丹麦有丹麦科技大学，芬兰有阿尔托大学和赫尔辛基大学，我由于时间紧张，就没有申请这些学校。

三、欧洲其他国家高校

这里主要推荐几所欧洲其他国家的院校：荷兰的代尔夫特理工大学、法国的南特中央理工大学、西班牙的加泰罗尼亚理工大学。

四、亚洲国家高校

新加坡国立大学与南洋理工大学均在QS世界大学排名中非常靠前，并且收费较低。

最后，对于学校排名的作用，个人结合网上各种说法认为，学校排名对于留学后回国工作会有很大影响，但开头已指出，留学后马上回国工作并不是明智的选择。所以排名要参考着看，重点要看的是专业课程设置、学校各类资源、教学科研团队的水平以及毕业生就业情况，这样的选校视角能帮助申请者找到最适合自己的去处。留学不是小事，要和家长仔细商量好这笔投资，给自己一个详细的职业发展规划，考虑好毕业后在国外的发展，将投资带来的收益最大化。

王靖婧:学霸小王的留学之路

专业年级:工商管理(企业管理)2016级
留学国家及院校名称:英国华威大学商学院
雅思或托福等英语成绩:雅思 7.0 分
奖学金:国家奖学金、优秀学生奖学金一等、情商奖学金三等

我相信大多数同学在刚进大学的时候,心中都有新鲜、新奇又有点迷茫的感觉。也许你会觉得,大学四年很长,你有充足的时间去为毕业后做打算。但实际上,这四年的时间过得远比我们想象得快。所以,大一的我在迅速适应大学生活后,开始制订计划。

最开始的时候,我并没有打算选择出国留学这条道路。我个人更倾向于保研。在大一第一个学期结束,期末成绩出来的时候,我甚至更坚定了保研的想法。但在了解到学院的交流项目以及联合培养计划后,我有点动心了。我开始思考我为什么不选择出国留学。于是我将困惑告诉了我的朋友和家人,而他们的态度都是尊重和支持我的决定。我想这也是我最后选择出国留学的底气。

在确定出国留学之后,我开始搜集资料并且确定了自己想去的国家。我将自己需要做的准备大致分为两类:硬性要求(学业成绩和语言成绩)、软性要求(竞赛和实习)。因为英国学校对学业成绩和语言成绩的看重,我将我的准备重点放在了这两方面上,尽力保持绩点和专业排名,并在申请前拿到符合要求的语言成绩。至于竞赛和实习,我认为这是加分项,但并不是说它们不重要。所以一旦有机会,我能够参加的我都会积极参加。

其实,留学的准备过程也是我个人成长的过程。我很欣慰看到自己的进步。接下来,我从比较有心得的几个方面来分享我的准备工作。

一、学业成绩

对于我来说，某一次取得好成绩其实是非常容易的，但是想次次取得好成绩、稳住绩点与专业排名还是有点困难的。我个人认为，在这个过程中，适合自己的学习方法发挥着非常重要的作用。

大学四年，最让我欣慰的便是在这几年的学习过程中我找到了适合自己的学习方法，并且学习的主动性和积极性都有了很大的提高。

就我个人而言，可能是多年养成的习惯，我非常喜欢整理笔记和框架体系，但一定要是手写的才有效。经过这几年对笔记的整理，我发现除了对速记课堂笔记和笔记排版、颇有心得外，我的记忆力和做事的条理性也有了提高。这可能算是意外之喜。

除此之外，我尽量保证课堂内就消化掉老师传授的内容，这样课余复习时间能够少一些，这也意味着我能拥有相对较多的时间学习新知识与新技能。

二、语言成绩

对于很多留学党而言，语言可能是最大的难题。很庆幸的是，从中学阶段开始，我都在非常扎实地学习英语。所以，在准备语言考试的时候，我对自己的语言基础是非常自信的。

为了应对考试，首先要熟悉题型并进行练习。我仍然记得我第一次参加雅思考试的时候，我为了摸清自己的状况，在初步了解题型之后就上了考场。所以结果不太理想，我只拿到了6.5分。但同时我也发现了自己的特点，就是我的听说读写分数非常均衡。所以针对这个特点，在参加第二次考试前，我加强了阅读和听力的练习，因为我认为短时间内这两项是最容易通过练习取得高分的，可是第二次考试的写作分数并没有达到要求。于是，我又开始了漫长的摸索。后来慢慢地发现，其实雅思写作的套路性非常强。于是在梳理了自己的写作模式后，我又参加了考试，终于拿到了理想的成绩。

其实，这段经历是有点痛苦的，因为成绩达不到要求会损伤自信心，这个时候就很难冷静客观地分析失利原因。所以，我想分享的就是在准备语言成绩的过程中，心态很重要，练习也不能少。

三、心理状态

在分享语言成绩准备过程的时候，我提到了心态。其实，大学四年我都非常注重对自己心态的调整。同样,找到适合自己的调整方式非常重要。对于我来说,心态的调整方式一定要具有多样性,因为我觉得单一的方式在长时间的使用后,效果就会被削弱。所以,我每次都会选择不同的方式调整心态,比如参加音乐会、看电影、旅游等。只要能让我回归放松心态的方式,就都是适合我的方式。

四、竞赛

虽然好成绩是进入英国好学校的敲门砖,但是软实力更能帮助我在众多申请者中脱颖而出。我很感激这一路参加的所有比赛。我始终坚持只要最终竞赛成绩不是空白就是胜利。一次一次比赛经验的积累,都是为了下一次取得更好的成绩。最后发现,我远比自己想象的厉害得多,结果也令我比较满意。

其实参加竞赛,就不要抱着能得奖的心情,这样反而束手束脚影响发挥。当有了一定的竞赛经验积累后,我认为是可以把获奖作为目标的。这样既能提升自身的学习能力,又能收获奖项,为自己的留学简历锦上添花。

在漫长的准备之后,就要递交申请了。我委托了一家中介从中协助,但也有很多同学选择自己申请。总而言之,中介虽然价格贵但胜在可以帮助我节省时间,自己申请虽然有价格优势但非常花费时间和精力。那段时间因为一些事情,我不得不选择中介帮忙提交。其实,我认为如果有时间的话,还是可以考虑自己申请的,这个过程也能学到很多东西,同时还省去了一大笔的中介费用。

关于选择申请的学校,我个人觉得一个是要结合自身的情况做合理定位,另一个是要关注整个留学的动态。比如我个人就是觉得 2019 年的申请形势不是很乐观,难度比以往增加了很多,所以加申了澳大利亚的学校。

递交申请前,有一步非常重要,那就是文书的写作。如果是委托中介的同学,我建议一定要多跟文书老师沟通,不然写出来的文书并不能将你自身的优点最大化,因为只有你自己最清楚自己的情况。同时,在收到中介写好的文书后一定要非常仔细地阅读和检查,避免出现类似词语拼写错误这样的低级错误以及其他的严重错误。

在准备好所有申请材料后就可以递交申请了。部分学校会发邮件通知面试。我参加了伦敦大学学院的面试。针对面试,我的建议是通过各种途径了解面试的形式、大致的问题方向等,提前准备好面试问题的答案并将其背熟。但是要注意面试的时候不可以看起来像在背书,而要用自然交谈的说话方式对答案进行表述。弹性条件到位的同时，硬件条件也非常重要。首先要确保进行面试的设备如电脑、摄像头、麦克风等正常运行以及网络稳定。其次，最好着正装进行面试，女生最好化淡妆。同时，面试的背景尽量为白色或深色的纯色背景。面试过程中要注意面部表情管理，而商科申请人尽量展现出自己自信的一面。

结束了申请以及面试以后，就要经历最漫长的等待了。如果选择了中介，一定要经常催促，时刻掌握自己的申请动态。但同时，在等待的过程中，也要注意保持良好的心态，切忌焦虑烦躁，这样只会百害而无一利。如果收到拒信，更要心平气和，不能因此怀疑自己的实力，调整心态继续耐心地等待。

在收到录取通知后，要认真通读，尤其要注意学校给出的条件以及最后答复时间。在这个过程中，就又出现了一个非常令人焦虑的问题，那就是择校。我当时的情况是在墨尔本大学和华威大学商学院之间犹豫不决。但最后还是选择了华威大学商学院。原因主要有几个：首先，我个人最开始就更倾向于去英国留学。其次，就我选择的专业来看，华威大学商学院的世界排名更靠前。同时，华威大学商学院的求职咨询服务、专业的课程设置与形式以及专业独有的游学体验征服了我。最后就是我的家人和朋友更倾向于英国的教育。所以，我在截止日期的前一天接受了华威大学商学院的录取通知。所以，从我的择校过程看，我认为我个人对读研学校的选择更看重的是专业的排名与学习体验。当然，这个择校过程是仁者见仁、智者见智的，重点就在于你关注的方面以及需求。了解自己想要的和需要的，这一点是非常重要的。

以上就是我选择出国留学到拿到录取通知确定学校的全部过程。希望我的经历与经验能对正在看这篇分享的你有所启发或帮助。

张译允：从 DMU 到 NTU

专业：交通运输（外贸运输）2016 级
留学国家及院校名称：新加坡南洋理工大学
雅思或托福等英语成绩：雅思阅读 8 分、写作 6.5 分、口语 6 分、听力 6 分
奖学金：无

漫长的申请季在疫情中悄然结束，拿到了心仪院校的录取通知之后，我心中的喜悦溢于言表。虽然我申请到了 QS 世界大学排名第 11 名的学校，但其实我在大一的时候学习成绩并不是很理想。我的经验表明只要坚定自己的目标之后并一步步努力，最后也可以申请到自己的理想院校。我做事的原则是，不求尽如人意，但求无愧于心。以下是我的心得，希望这一点点经验可以帮到学弟、学妹们。

一、语言学习

（一）口语篇

口语大概是我觉得最简单的一科，但却是考试前最紧张的一科。因为考试的时候是考生直接面对一个外国考官，我当时非常害怕自己听不懂考官的问题，所以考试之前坐立难安。

口语的考前准备很重要，有一个叫作“雅思哥”的 App，上面有这一季度所有的考题，其中第一部分和第二部分的考题预测几乎是 100%准确的，只要你提前把每道题都练习过，就几乎没有什么问题。雅思哥上面有一个录音功能，类似于微信的按住说话功能，录完音之后就可以听听自己的回答，查看自己的回答有什么语法错误，或者是发音不标准之类的问题，并且在按住说话的时候，建议目视前方，面带微笑，感觉就像是对面真的坐了一

个考官一样。提前模拟考试的感觉。但是也不能盲目地练习,口语的流利度是评分标准的一部分,你所说内容的连贯性也很重要。很多同学回答问题时,其内容都是很假、大、空的。举个简单的例子吧,如果考官问你在大学阶段有什么收获?你的回答是,在大学阶段,我获得了很多知识,收获了很多技能,了解了很多以前不知道的事情,我受益匪浅,感慨良多,拓宽了我的视野,增长了我的见识。这种答案是很适合咱们以前写语文作文的,但是非常的假、大、空。你获得了什么知识?收获了什么技能?大学怎么拓宽了你的视野?考官非常有可能会这样反问你,那么如果你当时惊慌失措,有可能就愣在那里了。所以我们在回答问题的时候应该进行细化,比如说大学阶段我的专业是交通运输,经过了三年的学习,我收获了很多关于港口码头、集装箱船、国际多式联运等方面的知识,并在学习的过程中,我练就了计算机技能,可以熟练地进行编程。学校给我们提供了上船实习的机会,让我了解船舶构造、船舶驾驶等方面的知识,拓宽了我的视野。当然我的这个例子有些长,考试应该不用说这么多的。其实口语并不难,很忌讳的就是在网上买答案然后盲目背,很多答案里面有很难的英语单词,并且逻辑也并不通顺,不适合没有基础的同学们备考雅思。建议同学们去听一下杨帅老师的口语课,很多地方应该都可以找到课程资源,学会了杨帅老师的逻辑,再加上勤奋的训练,我相信口语考 6 分是不难的。

(二)写作篇

刚开始准备雅思写作考试的时候,我以为就是背模板句,往上套就可以,后来才发现其实文章的思路和逻辑很重要,每个题型都有不同的写作逻辑,背模板句一点作用都没有,后来我把这些模板句从我的脑海里全部移除,顿时轻松很多。建议大家把背模板句的时间用在多读写作素材上面。市面上有很多书都是把写作的题目分成一些话题,然后整理出一些素材和观点供大家选择。我的弱点是我想不出很多观点,所以我只能多看书上的观点然后加深印象。比如说保护动物话题,书上写不用动物的皮毛做衣服,因为随着科技的进步,很多新的面料出现,保暖效果也很好,不仅价格更便宜,同时也保护了动物等。考试的前一天晚上我其实很焦虑,因为我那天看到这样一个题目:只有艺术家才能创造艺术,还是平凡的人也能创造艺术?看到这一问题,我感觉我完全没有思路,所以当时我很怕自己在考场上遇到这种从没见过的题目,但是考试那天幸运的是,我抽到了动物题目,我前一天晚上正好复习过,最后我的写作得分为 6.5 分,我也很满意。所以给大家的建议就是一定不要浪费时间去背模板句,不仅容易把各个题型之间弄混,还非常容易给考官留下不好的印象。最好的方法就是弄清楚各种题型的思路以及多看素材。可以听一下杜仕明老师的写作课,思路很清晰。

(三)阅读篇

阅读题重要的提分点是解题技巧和词汇量,可以说阅读8分以上拼的就是词汇量。文章中不重要的单词不认识没关系,不要求你所有单词都认识,但是至少题干词必须要认识,所以希望大家把精力多用在记单词上。可以听一下刘洪波老师的阅读课,令人受益匪浅。

(四)听力篇

作为一个辽宁考生,我在高考时听力成绩不计入总成绩,所以我几乎没有什么听力基础,听力是我最弱的一项。听力的技巧就那么多,最主要的还是多做练习,不求你的题量有多大,但是一定要精细地去做,多注意一些连词,比如and、but等,后面大概率就是答案句了。与此同时,也要多积累一些同义的单词和词组,要在听录音的时候及时反应过来。

二、材料准备

(一)均分

我们都知道在留学申请中,成绩是最重要的,那么保持一个比较高的均分几乎就相当于拿到了理想学校的录取通知。希望同学们从大一就开始认真学习,拿到比较高的均分,如果达到90分以上当然最好,85分以上也能申请到英国不错的学校了,最好不要低于80分。如果某一科的成绩不好也可以选择重修。还有一点就是一定要坚定信念。我是在大三上学期才决定要出国的,比别人要晚一些。我大一和大二上学期的绩点在3.0多一点点,大二下学期绩点是3.8,所以前两年的绩点是3.3,刚决定出国的时候看着自己的成绩,心里很难受,觉得自己花费那么多的时间和精力却没有取得令人满意的成绩,然后压力也比较大,大三这一整年我都在认真地学习,两个学期的绩点分别是3.9+和4.0+,最终绩点是3.67,虽然也没有像特别优秀的同学有那么高的绩点,但我也很满足了。不求尽如人意,但求无愧于心。

（二）实习与科研

与申请项目相关的实习经历也会给你的留学申请加分。多关注一些实习网站以及一些公众号，上面会有一些实习招聘信息、感兴趣的可以去申请一下。另外，学长的经验也很重要，我之前就经常会在朋友圈刷到已经工作的学长所在的公司在招实习生，总之就是多渠道地搜集实习机会。至于科研成果，我知道一个学姐有专利，因此在均分并不是很高的情况下也申请成功了。这方面的资源可以多联系自己专业的老师，老师的手里一般都会有一些项目，可以和老师积极联系，表达自己想要参与科研项目的意愿。

（三）学校申请

对于交通运输等相关专业的同学来说，基本上我们出国读研的同学大多都会选择供应链管理。那么我们可以选择的国家和地区有英国、新加坡、荷兰、美国、瑞典、中国香港等。其中英国的留学费用会相对高一些，伦敦地区大概是每年 50 万人民币，非伦敦地区为 35 万~40 万人民币，上述所说的费用包括在英国的所有费用，不过具体的还是要看各个学校的学费和租房费用，不同地区都是不同的。中国香港地区和新加坡的总留学费用大概在 30 万元以内，荷兰和瑞典的留学费用相对比较低，一年的总费用基本上是在 20 万以内。我不是很了解美国，但是应该是费用最高的，美国的硕士大多都是两年制，而上述的其他三个国家和地区大多都是一年制，所以对于留学的国家和地区的选择，大家要看自己的喜好和家庭情况。关于奖学金，因为我只申请了英国和新加坡的学校，这两个国家一般来说是很少有奖学金的，据我所知，在新加坡至少是南洋理工大学是没有奖学金的，想要获得奖学金的话可以考虑申请美国的学校或者欧洲一些留学的小众国家，大家可以提前做做功课。

最后还是建议大家早点准备申请材料，早点申请也可以早点得到学校的回复。我申请得比较晚，大概是在 2019 年 10 月末才提交的申请，而且 2019 年申请英国留学的人数比 2018 年更多，所以我 2020 年 1 月才拿到了我的第一个录取通知，而其他申请早的同学可能 2019 年年末就已经收到录取通知了，所以申请英国的话还是建议大家尽早申请。

漫长的申请季结束了，最后我决定去新加坡的南洋理工大学，希望我的经验分享对大家有所帮助，也希望准备留学的同学都能认真学习，从大连海事大学出发，步入理想的大学，实现自己的留学梦。

专业技能篇

夏天冰：大学英语四级备考经验

专业年级：航海技术（实验）2018 级
专业技能证书名称：大学英语四级证书
获得时间：2018 年 12 月

随着社会的发展，英语在我国各行各业的应用日益广泛，对于航海类专业的我们来说更是尤为重要，是我们必须掌握的一门技能。英语最重要的学习时间是在校期间，全国大学英语四、六级考试是一种督促型的考试，获得相关证书也可为面试加分。全国大学英语四、六级考试也是一种为教学服务的标准化考试，在教学中产生正面的导向作用，可以更好地为教学服务。其目的在于提高在校大学生的英语水平，促进英语知识的应用，以适应社会发展的需求。

关于大学英语四级考试，我们首先要了解考试内容，与高中英语考试不同，四级考试分为 3 个部分，总分 710 分。听力包括短篇新闻、长对话、短文理解 3 个部分，共计 248.5 分；阅读包括信息匹配、篇章词汇、篇章阅读，共计 248.5 分；写作包括作文、翻译，共计 213 分。

听力在四级考试中占分比重很大，对于高考不考听力的省份的同学来说，提高听力成绩存在一定的困难。就我个人而言，我所在的省高考英语考试中听力成绩不计入总成绩，所以之前对听力并不重视，在刚开始接触四级真题时，听力完全听不下去，不是因为听不懂，而是突然面对 25 分钟的听力，在不知道问题的情况下听，注意力不够集中，易出现听完忘记内容的情况。针对这个问题，我的建议是每天坚持听听力，不需要长时间地听，一天听一个完整的四级听力就可以，锻炼自己对内容的捕获度和对关键词汇的敏感度。在进行听力练习前，先预读选项，划出关键词，在听听力时，对关键词的内容重点关注，锻炼边听边记关键词的能力。在临近考试时，针对自己对听力3个部分的掌握程度，加强薄弱环节的训练，分值最大的部分要多加练习。练好听力不是一件一蹴而就的事情，而是需要长期积累的，所以针对四级听力，尽早准备以减轻临近考试的备考压力，也可以对六级的备考有所帮助。当然听听力练习题时要保持一个良好的心态，保持大脑清醒，集中注意力，不要让过去的题影响下一道题的作答。听力训练方法如下表所示。

- 听力
  - 听力方法
    - 看
      - 提前看题
      - 边看边划关键词
    - 析
      - 注意选项之间的关联(相似/反意)
      - 时间、地点、人物、主题
    - 听
      - 有生词听不懂没关系，听懂大概意思即可
      - 有关键词出现的那句话要格外注意听(往往是答案句)
    - 记
      - 关键数字、日期
    - 选
      - 有把握的先选上
      - 没把握的先空着
      - 等听力放完再蒙
  - 提分方法
    - 锻炼直觉法
      - 看、析(审题)
      - 填好听力答案
      - 浏览正确选项
      - 播放听力
      - 听答案出处
    - “大神”养成法
      - 争取听懂90%
      - 精听/泛听结合
  - 练习听力的材料
    - App
      - 每日英语听力　VOA
      - 星火英语　试卷配套听力
    - B站
      - 英国老张
      - coach shane

英语四、六级的阅读部分与高考题目有所差异。阅读部分有两种新题型。篇章词汇部分占分不多，但是有一定难度。针对这一部分，保证足够的词汇量是必不可少的，要能够判断所给单词的词性，结合上下文内容，要对具有多个词性的单词重点关注。信息匹配题要先看选项，划关键词，一般是名词，针对关键词回到原文定位，有比较相似的选项要注意它们的区别，先判断后选择。篇章阅读和高考的阅读题型相似，只是词汇量加大，文章更加难以理解。我个人的习惯是先通读文章，了解主要内容，再答题，但是有些阅读得高分的同学习惯先看题干，再回到文章中定位问题，节省答

题时间，所以具体的顺序还是要根据个人情况来决定。一般的技巧就是划出题干关键词，再回到文章对应部分找答案，阅读主要还是考验词汇量的，所以针对阅读要多做练习、提高单词量。一是要打牢基础，建议同学们要增加自己的词汇量，使得词连成句，句连成段，段连成文。二是要勤做多练，在打好阅读基础的前提下，要以得分为导向开始阅读练习，根据不同情况，熟练运用精读和略读两种方法将得分最大化。阅读方法如下表所示。

- 阅读
  - section A 填词
    - 单词基础
    - 固定搭配
    - 词性排除
  - section B 对应
    - 找对应关键词句
  - section C 阅读
    - 题型+解题策略
      - 推时判断（找对应+推理）
      - 事实细节题（找对应）
      - 主旨大意题
        - （综合全文）
        - 特别注意开头结尾段

做写作题时，一定要仔细读一遍题目要求，文章中心内容要理解清楚后再答题。一般考试作文是谈观点或者对一句话的理解，这种时候还是强调审题，往年四级考试出现过考生把 career 看成 cancer 这种情况，所以作文的基础是清楚你要写的主题是什么。我会在写文章之前大体对我要写的内容列一个提纲，这样写作过程可以更加流畅，因为四级考试各个答题模块有时间限制，所以一般情况下不建议先写草稿后誊写。写作时，可以使用一些推荐句式，这些取决于个人的备考进度。要注意字迹还有文章的连贯性和逻辑性，可以看一下往年的优秀作文，学习其写作方式。翻译部分是一段话的汉译英，在翻译之前要先把要翻译的这句话读几遍，了解具体内容。切记不要逐字翻译，有些重复内容可以合并到一句话里翻译，学会灵活变通。我对于翻译的备考方法是先独立翻译一遍，遇到不会的词就空着，但是要保证翻译后的句子完整和连贯，然后再对照答案改写自己的答案，将不会表达的词重点理解、记忆，然后比对答案，反思自己翻译的问题。翻译的内容大体上侧重于传统文化、风景名胜和当今热点。所以在做题的过程中，你可以发现各个主题下有一些词汇出现的频率很高，针对这些词汇可以加以整理和记忆。写作方法如下表所示。

- 写作
  - 解题过程
    - 审题　明确 topic
    - 列提纲　what—why—how
    - 写作
  - 如何利用模拟卷
    - 分析提纲、提炼思路
    - 对照范文、修改答案
    - 积累单词、高级句式
  - 如何对症下药
    - 内容尚可,逻辑不行　重点分析几套试卷作文的提纲
    - 内容不行,逻辑尚可　重点积累单词和高级句式
    - 内容不行,逻辑也不行　作文解析全部好好看一遍
  - 野路子
    - 背范文
      - 把范文录下来
      - 既可以锻炼口语,又能背下范文
  - 写作注意点
    - 句子写长一点
    - 多用从句
    - 单个动词变为名词词组

答题顺序方面,要根据个人阅读的习惯进行选择,但是一定要注意答题时间,要在规定时间之内答完题。

关于词汇量,我个人使用的是背单词的软件,大家可以根据自己的习惯使用词汇书或者软件背单词,过程并不重要,重点是在四级考试前,你要背完四级词汇,并能够运用。

关于练习题,我习惯使用星火英语的真题。我个人认为四级并不需要去刷大量的习题,而是要保证你每做一套题,都对你英语能力的提升有所帮助。在备考前期,可以针对个人薄弱的环节进行练习,在考试前,要对真题有所把握,从真题中思考出题的规律和基本方向。

其实备考四级,别人的经验并不是最重要的,重要的是你要对自己的情况有所了解。英语四级考试中,我对听力部分比较擅长,而在阅读方面则是很普通的水平,所以我的备考就是在保持听力的优势下,强化阅读。每个人的情况都不同,所以认清自己英语学习的现状才是最重要的,要清楚自己哪里擅长,哪里薄弱,根据个人情况制订更加合理的备考计划。整体而言,英语四级并不是一个难度特别高的考试,所以在备考过程中要放平心态,不要被你所不擅长的部分吓到,三个部分,任何一个部分过了200分,你的四级都可以顺利通过,不要去纠结不擅长的部分怎么办,巩固擅长部分的优势,提高薄弱环节的能力,四级的通过并不困难。

吕海佳:大学英语四级考试经验总结

专业年级:轮机工程 2019 级
专业技能证书名称:大学英语四级考试
获得时间:2019 年 12 月

相信大家对于大学英语四级考试都不陌生,但是每年两次的四级考试都有些考生由于准备不充分或者准备方法不妥当而没有过分数线。为了同学们可以一次通过,减轻自己的学业负担,我在这里为大家提供一些关于备考四级的学习方法。

第一步:夯实基础,掌握词汇和语法(5 周)

在这一个阶段,我的目标非常明确:夯实语法和词汇基础。总结上两次考试的教训,我清楚地认识到:词汇和语法不过关,不光是阅读理解受影响,想要突破写作、听力、翻译也是一句空谈。因此,我在前 35 天就只钻研《大学英语四级真题 · 逐句精解》中的 10 套逐句精解。这本书很给力,逐词逐句注释真题中出现的四级大纲句分析真题文章的句法结构,简直就是四级词汇书和语法书的完美结合。在真题环境下记单词、学习语法,效果真是不一样。

时间安排:

第一轮:前 3 周。我每 2. 5 天(有时 2 天)学习完一套逐句精解的题,完全搞透每篇文章的语法,结合真题原句反复识记书中注释中的大纲词汇(最好是默读一遍,然后写一遍)。每天坚持学习 4 小时,周末坚持全天学习。

第二轮:第 4 周和第 5 周。隔天巩固一套逐句精解:重点学习在第一轮感觉有些吃力的句法;重点背诵那些觉得熟悉但又反应不上来的词汇,每天至少学习 3 小时。此外,兼顾专项训练:其一,每天背诵一篇四级模板范文(逐句精解一书配有12套真题试卷,其答案解析里有范文,我背诵的就是这些范文),反复背诵并仿写出彩句式。其二,每天听1小时VOA或者BBC广播,反复听,直到完全听清为止。其三,每周练习1篇真题翻译,反复研究特殊句式,反复识记高频短语和词汇(练久了就会发现,很多经典句型和高频词汇一直反复出现)。

第二步:训练技巧,掌握满分兵法(2周)

经过上一轮的学习,我的切身感受是:很多文章不看翻译就能明白所讲内容;"汉译英"看到原句就有意愿去组织语言。夯实基础之后,再学习满分解题技巧,就是顺理成章的事情。(要提醒学弟和学妹,满分解题技巧必须建立在坚实的基础之上,不然就是空中楼阁,不要老想着走捷径。)本阶段我主要做了前6套真题(《巨微英语·大学英语四级真题逐句精解》配备12套真题和详解答案),并结合答案解析和巨微英语研发的《满分兵法大总结》归纳总结了不同题型的快速应对技巧。

时间安排:

常规安排:每周二、周四、周六各练一套题(上午做题,下午专研解题技巧)。

特殊安排:每天听1小时VOA或者BBC广播;每周写2篇100字左右的短文。

第三步:真题真练,查漏补缺(2周)

最后一个阶段历时两个礼拜,这个阶段我主要练了最新6套真题,旨在查漏补缺,养成考试状态。这个过程我重视了两个方面因素:第一,查漏补缺,恶补上一阶段遗漏的重要词汇、语法等内容(备注:第二步演练的六套真题,我也认真地做了查漏补缺)。第二,把控时间,按时完成试题每个部分。

常规安排:每周二、周四、周六各练一套题(上午做题,下午查漏补缺)。

特殊安排:每天听20分钟广播;每天朗读20分钟(我朗读的还是真题写作范文)。

希望我的分享可以使同学们顺利地通过四级,取得好成绩。

李婉婷：N2 学习经验分享

专业年级：交通运输（港口经济与管理）2017 级
专业技能证书名称：JLPT N2
获得时间：2020 年 1 月 22 日
学习教材：标准日本语初级（上、下册），中级（上、下册）
备考教材：红宝书、蓝宝书和历年真题

对于日语的学习，我是先自学再报班的。在自学期间重点学习五十音图、常见词汇以及简单句式；之后，选修了校任选课日语初级，在课程期间更系统地学习了日语的基础知识，并最终取得了 99 分的成绩，这使我对日语的学习有了很强的信心。大二时由于课程时间紧张，为了节省时间，我报名了学校附近的日语培训班，开始学习《标准日本语初级》（上、下册）和《标准日本语中级》（上、下册）。由于学习时间比较间断，而且只是因为兴趣才去学习和考证，因此我考试心态比较轻松，参加了 2019 年 12 月的考试，一次性通过 N2。

日语 N2 考试共分 3 个方面：语言知识、阅读和听力，每个单项满分 60 分，总分共 180 分，合格的要求是各单项成绩不低于 19 分，且总分不低于 90 分。

考试题型如下表所示：

<table>
<tr><td rowspan="14">语言知识·读解
(105分钟)</td><td rowspan="5">文字·词汇
(18分钟)</td><td>1. 汉字读音</td><td rowspan="5">10分钟</td><td>5问</td></tr>
<tr><td>2. 汉字书写</td><td>5问</td></tr>
<tr><td>3. 接头接尾词</td><td>5问</td></tr>
<tr><td>4. 选词填空</td><td>7问</td></tr>
<tr><td>5. 找近义词</td><td>5问</td></tr>
<tr><td rowspan="3">文法
(20分钟)</td><td>6. 正确用法</td><td>8分钟</td><td>5问</td></tr>
<tr><td>7. 选择合适文法</td><td>5分钟</td><td>12问</td></tr>
<tr><td>8. 排列组合句子</td><td rowspan="2">15分钟</td><td>5问</td></tr>
<tr><td rowspan="6">读解
(67分钟)</td><td>9. 文章中的文法</td><td>5问</td></tr>
<tr><td>10. 短文</td><td>25分钟
(5×5分钟)</td><td>5问</td></tr>
<tr><td>11. 中长文</td><td>24分钟
(3×8分钟)</td><td>9问</td></tr>
<tr><td>12. 综合理解(中长文)</td><td>8分钟</td><td>2问</td></tr>
<tr><td>13. 主张理解(长文)</td><td>8分钟</td><td>3问</td></tr>
<tr><td>14. 情报检索</td><td>2分钟</td><td>2问</td></tr>
<tr><td rowspan="5">听解
(50分钟)</td><td rowspan="5"></td><td colspan="2">1. 课题理解</td><td>5问</td></tr>
<tr><td colspan="2">2. 要点理解</td><td>6问</td></tr>
<tr><td colspan="2">3. 概要理解</td><td>5问</td></tr>
<tr><td colspan="2">4. 即时问答</td><td>12问</td></tr>
<tr><td colspan="2">5. 综合理解</td><td>4问</td></tr>
</table>

下面介绍一下我的学习经验。(仅代表个人观点,具体还请结合自身情况考虑)

首先,日语学习中最基础的是五十音图,一定要牢记,最好达到一看到假名就可以立刻反应出来读音的程度,假名记忆没有捷径,可以将假名带入熟悉的词语或者句式中进行记忆。片假名和平假名一定要一一对应记忆,可以采用联想或者形似的方式辅助记忆。因为五十音图是之后一切内容的基础,因此一定要准确记忆,多写、多读、多练。

在熟练掌握五十音图的基础上,再进行词汇、文法、读解、听力四方面的学习。

一、词汇方面

词汇方面需熟悉词性，建议记忆动词基本形(《标准日本语初级》中给出的多为ます形)，熟悉动词的分类，看到一个动词时需要反应出它的分类以及各类的变形。动词的变形非常重要，因为动词的变形与之后文法的应用相关，需要给予重视。

(一)针对简单想考证的同学的建议

若只为了考证的话，可以先学习《标准日本语初级》(上、下册)各章节的词汇，重点在于熟悉读音，需要达到见到会读，听到、看到时可以尽快反应出中文释义的程度。在熟悉《标准日本语初级(上、下册)》的词汇后，可以直接进行N2词汇的记忆，喜欢纸质单词书的同学推荐使用"N2红宝书"，喜欢使用应用软件记忆单词的同学推荐使用"N2红宝书"配套应用软件。

(二)针对想认真学习日语的同学的建议

如果是想认真学习日语且未来想在日语相关方面有所发展的话，建议不仅要达到上述要求，还需掌握《标准日本语中级》(上、下册)各章节的词汇，并且建议达到听到或者使用时会手写的程度。如果想要直接冲击N1的话，建议学习《标准日本语高级》(上、下册)，因为N2和N1还有一定的差距，需要具备扎实的基本功和做较多的练习。

二、文法方面

(一)针对简单想考证的同学的建议

针对考证，我们可以在初步学习《标准日本语初级》(上、下册)的文法后，直接进行N2文法的学习，推荐使用的教材为"N2蓝宝书"，根据教材的单元设置进行学习安排就足够应对N2考试，主要在于理解含义。

(二)针对想认真学习日语的同学的建议

针对想认真学习日语且未来想在日语相关方面有所发展的同学，还需要学习《标准日本语中级》(上、下册)的文法，再使用"N2蓝宝书"进行一遍文法的复习和巩固。

文法的学习不是一蹴而就的，可以针对每个语法进行造句练习，或者将多个语法融汇在同一个句子中，学以致用，可以有效地提高文法的记忆效率。

三、读解方面

语解方面，首先要明确一句话的主语，这是理解一句话的前提。其次，弄清楚谓语部分的含义，谓语一般在句尾，搞清楚谓语才能知道这句话的要点。一篇文章的最后一句话或最后一段往往比较重要（有时第一句或者第一段也比较重要）。注意连词，连词在文中起承上启下的作用，搞清楚连词到底是转折还是其他作用对于理解一篇文章也很重要。

N2 的阅读对于中国学生来说难度不大，多练习真题即可顺利通过。

（一）针对简单想考证的同学的建议

建议多次通读《标准日本语初级》（上、下册）的课文，在熟练掌握词汇和文法的基础上，多练习真题即可。

（二）针对想认真学习日语的同学的建议

建议还应通读《标准日本语中级》（上、下册）的课文，多练习真题。

四、听力方面

日语听力的学习是相对比较枯燥的，所以我们在进行基础练习的时候最好按照自己的喜好来选择，比如说选择自己喜欢的动漫或者是综艺，在娱乐中学习地道的日语，刚开始建立兴趣培养学习的黏性是很重要的。材料选择是按照语速来划分，然后一步一步练习下来的，大致是这样的顺序：贴近生活类的动漫—专业性内容较强的动漫—NHK 纪录片—日剧—网络新闻音频、视频—网络广播、访谈、综艺类节目，当然大家也可以按照自己的爱好进行安排。但是，有一点必须注意，语速一定会有一个慢慢加快的过程，不能一上来就练习很快的语速，这类的材料听起来难度很大，也会打击学习的热情，当然也不能一成不变地维持一种语速。

（一）针对简单想考证的同学的建议

可以在学习日语基础知识后，开始上述的听力练习，在练习中，不断积累词汇、句式，多看、多听、多学，尽量锻炼出听到句子后及时反应的能力。

（二）针对想认真学习日语的同学的建议

在熟练掌握词汇和文法的基础上，开始上述的听力练习，尽量看原声视频，不要看中文字幕。多练习，完成周期性的练习任务。

在进行一段时间的听力练习后，可以开始练习N2真题的听力，熟悉题型，考前集中练习套题。

五、口语方面

口语是不在N2的考查范围内的，对我来说，我学习日语是出于兴趣。但其实不论是带着什么目的学习日语，最终的落脚点应当都是口语。通过N2或者N1考试可能代表着你的日语基本知识已经初步掌握，但即使书面上的内容学习得再好，当你无法说出来时候，日语的学习就失去了意义。

口语学习不一定非要划定一个时间段来专门练习，可以多在生活中应用，在最开始接触日语的时候，因为学习的知识较简单，可以在生活中看到汽车反应“くるま「車」”，看到咖啡馆反应“喫茶店”，喝水时反应“水を飲む”，吃饭之前反应“いただきます”，开始时可能会出现各种各样的语法错误，但是不要怕说错，我认为语言是应用性很强的学科，只有在不断地练习和使用中才能进步。这样的口语练习不仅能提高口语能力，还可以不断地加深对于常用词汇和文法的记忆。在学习生活中，看到日语就要尽量去读，在你准确地读出后，你就会好奇它的含义，进而去查询，加深记忆。

有关考试，一定要弄清楚自己在能力考试中的弱项。提前练习真题，进行打分，测试自己的弱项，然后针对自己得分不足的项目加强学习。

练习集中注意力。在考试的过程中，突然走神是很正常的事，尤其是觉得题目量大且难度大的时候，那就更容易走神了。然而，注意力不集中，对考试是很不利的，尤其是听力部分。因为听力录音内容只播放一次，一旦没有听到，那就只能靠运气随便选一个了。而在阅读部分，集中注意力也非常重要，毕竟在阅读一篇文章的时候，一旦走神了，就需要再从走神之前看的句子甚至更前面的句子开始重新看，无形中浪费了时间。保持注意力高度集中，在考试中是万利而无一害的。

其次，一定要把控好考试时间。在N1和N2考试中，比较耗费时间的是阅读理解部分。阅读理解做题时间建议控制在一个小时内，而时间的把控应该从平常的练习开始，每次做习题都给自己计时，让自己熟悉做题节奏，不至于因时间把控不好而在考场上慌张。

最重要的一点，考试时一定要边做题边涂答题卡。不少人喜欢做完全部题、检查了之后再涂答题卡，实际上，这种做法是不可取的。考试时间一结束，老师就会立即收走答题卡，尤其是听力录音一播完，根本没有足够的时间把听力答案涂完，如果在老师收答题卡前，自己没有涂好答题卡或者因太匆忙或者慌张而涂错，那就得不偿失了。

最后，祝愿所有参加日语能力考试的同学，一次通过，取得好成绩。

左宸昊：计算机二级证书复习方法

专业年级：机械设计制造及其自动化 2017 级
专业技能证书名称：全国计算机等级考试二级合格证书
获得时间：2019 年 3 月

计算机二级考试是全国计算机等级考试四个等级中的一个等级，主要考核计算机基础知识和使用一种高级计算机语言编写程序以及上机调试的基本技能。计算机二级考试采用全国统一命题、统一考试的形式。目前计算机二级等级考试分为九个科目：C 语言程序设计、VB 语言程序设计、Java 语言程序设计、Access 数据库程序设计、C++语言程序设计、MySQL 数据库程序设计、Web 程序设计、MS Office 高级应用、Python 语言程序设计。就目前在校大学生的报名考试的情况来看，大部分考生集中在 C 语言程序设计与 MS Office 高级应用两个科目中。MS Office 高级应用属于相对广泛的应用，但是由于我们在学校学习过计算机程序基础设计的课程，并且有一定的 C 语言学习基础，因此我报名参加了 C 语言程序设计的计算机二级考试。

对于工科学科的未来就业考虑，在工作中会经常用到画图与程序建模等计算机辅助工具，因此获得一张全国计算机二级合格证书就比较重要。在实际操作过程中，熟练掌握 C 语言程序设计的基本概念、程序编写和程序改错等技能十分重要。而在求职的过程中，拥有一张计算机二级合格证书会是一项不错的加分项。

在学习考试内容之前，一定了解考试报名的流程，如果错过报名时间或者缴费不及时会直接被取消考试资格。本校在校学生可以时刻关注大连海事大学官网的学生通知栏目，每当计算机等级考试的报名时间开放时，学校会在第一时间发布学生通知，方便学生查看。不仅如此，也可以登录 NCRE-中国教育考试网查询与报名相关的信息。在报名方面可以登录教务系统,通过教务系统的考试报名一栏进入计算机二级考试报名网页,并在填写个人信息后进行缴费操作。在缴费成功后也要关注报名信息网页并在考试前规定时间内,自行下载、打印准考证。我身边也出现过某些同学忽视准考证下载的截止日期,从而导致无法下载、打印准考证,不能参加考试的情况。因此,对于报名后到考试前的每一个时间节点都要重视,要做到不因为与考试内容无关的事而影响到考试。

对于考试所要用到的复习资料,我在此推荐未来教育考的两本参考书。由于目前计算机二级的考试方法均为上机考试,因此在学习过程中安装未来教育的考试模拟软件十分重要。模拟软件的界面与考试界面基本相同,在考前熟悉考试流程对于答题是否顺利有很大影响。除此之外,在复习过程中也可以在网络中寻找历年的考试原题进行熟悉。但是我建议网络资料仅供参考,重点学习内容还是要根据未来教育的参考书进行有序地学习。

在计算机二级 C 语言程序设计考试中考题分为四个部分:(1)选择题(40 分);(2)程序填空题(20 分);(3)程序修改题(20 分);(4)程序设计题(20 分)。在选择题中,共有 40 道题目,而题目的内容主要考查的是公共基础知识和程序分析题型。而对于程序填空、程序修改以及程序设计的题型来说,都需要总体上对程序有一定理解,然后再对程序进行编写与改错。就此来说,我把复习 C 语言程序设计主要分为公共基础知识与程序理解两大部分。

首先是针对公共基础知识的复习。公共基础的考核内容涉及基本数据结构与算法、程序设计基础、软件工程基础和数据库设计基础四大部分。知识点比较多而且分布较散。然而,我在所做的真题中发现,公共基础知识部分的涉及面虽广,但难度不大且考点也相对集中,并且考核以概念和认知性内容为主,理解性、应用性内容极少。由于公共基础知识在计算机二级考试内容中所占比例不是很大,因此学习时长可以稍少一些。时长不多但是要学到考点,这样才能合理准备考试,为程序分析的学习留下时间,因此本文将举例说明公共基础知识的部分重要考点。

在基本数据结构与算法中算法部分的学习重点主要在于了解算法的基本概念以及算法的时间和空间复杂度,这部分知识比较抽象,因此在复习时为了方便理解可以使用特定的问题来分析理解,例如使用不同算法计算 1+2+3+…+99 的结果。这种方法可以更加直观地理解不同算法的区别,并在理解后还可以使用流程图来描述算法以区别不同算法的优劣性、简洁性与可行性等问题。对于数据结构的部分,学习重点应在于了解和掌握数据的逻辑结构和存储结构以及数据的运算。其又可进一步细分为:掌握数据的线性逻辑结构,包括线性表、堆栈和队列;掌握数据的非线性逻辑结构,包括树与图;掌握数据的顺序存储结构和链式存储结构的特点与区别等。对于这一部分,通过实际问题也可以很好地帮助理解,例如探讨排队问题就可以很好地理解堆栈与队列的知识。

程序设计基础部分的考点主要在于结构化和面向不同对象的程序设计方法,其考核内容多以概念性为主。在做过历年真题后我发现程序设计基础的考点在历年真题中出现的概率不大。程序设计方法中的许多概念理解起来比较困难,因此我认为这部分的内容应该以记忆为主,在学习的过程中不应太过于深挖。

软件工程部分的考点较多,也相对抽象,因此在二级考试中这类题目的错误率较高。我经过资料查询所得这部分的考点主要为软件工程的基本概念和目的,包括提高软件生产率、提高软件质量、降低软件成本,与此对应的软件生产率低、质量差、成本高就是“软件危机”;软件工程的三要素;软件生命周期的六个阶段以及各阶段的目标、文档、工具、方法和步骤等。

数据库设计基础部分与软件工程部分一样,知识点比较抽象,学习起来会比较困难。在二级考试中这部分的知识点有:数据库、数据库系统与数据库管理系统三者之间的关系以及数据库管理系统提供的三种数据语言;数据库系统的三级模式;数据的三种模型;数据库的设计阶段及其各阶段的任务;E-R 图中实体、属性、联系的表示法和三种联系;传统的集合运算与专门的关系运算等。以上六个知识点在考试中比较常见。

在公共基础知识的学习中,考虑到这部分所占比例不是特别大,因此要以了解、记忆概念为主,不需要过度、深度分析。而在程序分析的部分中,就不仅仅局限于概念,更重要的是要分析所学内容,要做到使用得当,这样才能在短时间内编写出程序,并且保证比较高的准确率。

由于我在大学课程中学习过计算机程序设计基础(C 语言)的课程,因此在准备 C 语言程序设计计算机二级考试时会有一定基础。但是对于没有学习过 C 语言相关课程的同学,就要从最基本的理论知识开始学起。不仅可以通过未来教育的理论知识书来进行学习,还可以通过大学生慕课平台来查询有关 C 程序设计入门的课程来进行基础理论知识的视频学习,并且在学习的过程中要安装 C 语言的程序软件，最好要根据考试要求来安装相应的版本。在通过课本和视频学习的过程中，要按照学习进度来进行相应的程序编写，这样才能更直观、更正确地学习 C 语言编程。只通过书本学习会产生问题，尤其是类似于这种抽象的问题，不仅不易理解，还无法寻找到准确的错误点，因此通过程序自身的报错功能够更方便地找到错误点。

下面将着重介绍在有一定基础下进行计算机二级 C 语言程序设计的复习与学习。由于在一定的基础下，复习重点就不应放在 C 语言的基本知识上，而应放在运算结构与函数上面。

运算结构分为三种，首先是顺序结构，在顺序结构中除了基础知识还要注重 printf 与 scanf 在输出与输入时括号里的书写规范。在 printf 中%d 对应整型，%f 对应单精度实型，%c 对应字符型，%o 对应八进制无符号整型，%x 对应无符号十六进制整型，%u 对应无符号整型，%e 对应指数型，%s 对应字符串型。在 scanf 中输入项带取地址符 &。当用键盘输入多个数据时，数据之间用分隔符。分隔符包括空格符、制表符和回车符，但要注意分隔符不包括逗号。

其次是选择结构。在选择结构中一定要注重运算顺序的理解，运算级别由高到低为：算术运算符、关系运算符、逻辑运算符、条件运算符。只有正确地理解运算顺序才能理解题意，错误地理解运算顺序可能会得到错误的运算结果，导致分析错误。然后是 if 语句、条件运算和 switch 语句的理解。在基础内容上要注意 if 语句的嵌套，在嵌套中要明确每一层 if 语句的条件。然后是在 switch 语句中要注意每条 case 后有与没有 break 时语句的区别。还要注意 switch 后小括号里面的表达式不能为实型，case 后表达式不能有变量。

最后比较复杂的是循环结构。三种主要的循环结构为 while、do-while 与 for。注意 for 循环中的小括号中必须是两个分号；循环一定要有结束条件，否则就成了死循环；do-while( )循环最后的 while( )；后一定要有分号。在结束循环方面 break 是终止所在整个循环，而 continue 是提前结束本轮循环。break 可以出现在循环结构与 switch 语句中，continue 只出现在循环结构中。针对循环结构的嵌套一般为两层嵌套，也就是二维数组的运算，在分析时可以在草稿纸上列出运算数字来方便计算。

函数部分在 C 语言的知识里所涵盖的内容比较广泛，因此对于函数的复习要按编写步骤一步一步进行。对于函数的定义，函数的首部为：函数类型+空格+函数名(类型1 形参1,类型2 形参2,……)。在函数定义中不能嵌套定义函数,函数类型默认为int 型。在函数调用后函数通过 return 语句返回一个值,返回的值的类型与函数类型一样。return 语句只执行一次,执行完或函数整体结束后退出函数运算。

形式参数简称形参,是定义函数时函数名后面括号中的参数。实在参数简称实参,是调用函数时函数名后面括号中的参数。实参和形参分别占据不同的存储单元。实参向形参单向传递数值。如果是传递数值的话,形参的变化不会改变实参的变化。而传递地址的话,形参的变化就有可能改变实参所对应的量。

在函数分析的学习过程中最重要的是边学习,边实践,因为C语言的知识点都比较抽象,所以通过实践编写就可以很直观地理解知识点,并且能够很快地找到错误点。

上机考试的特点是只有对与错,因此在做题过程中要记得保存,每做一个小题,就要保存一次。而在保存文件时,注意文档命名格式,认真审题,根据要求来命名,要做到文件名一字不差。注意文件保存位置,不要随意挪动文件位置,按题目要求来命名,不然判卷系统不能识别作答文件。在考试前可以带笔进入考场,由于一部分考场不允许带草稿纸进入,因此准考证的背面可以利用起来,在做判断语句、选择语句和循环语句时,通过纸上的运算可以很清楚地得到答案。

段亚琼：ACCA 前九门学习心得

专业年级：财务管理 2016 级
专业技能证书名称：ACCA 前九门
获得时间：2019 年 1 月 24 日

我是从 2017 年 10 月 28 日开始我的 ACCA 第一门考试——FA 财务会计，2018 年 12 月 4 日我参加了我 F 阶段的最后一门考试——TX 税务。没有免考，也没有挂科，我顺利地通过了 F 阶段的考试。总结起来，学习 ACCA 最大的感受就是坚持，整个 ACCA 考试周期比较长，时间一长，很多人很有可能就没有了当初学习的那分热忱，选择了放弃。我认为 ACCA 考试不存在发挥失常的情况，你平时付出了多少，都会在考试成绩上体现出来。所以大家不要抱有侥幸心理，不要想着只看重点和押题，要脚踏实地，将教材上的知识点都弄清楚，多做历年真题和练习册，培养做题的感觉。

首先来说一下 ACCA 前四门（AB、MA、FA、LW）课程的内容。AB 会计师与企业是对整个 ACCA 体系的概述，是以后 SBL 的基础，涉及知识面较广，整本书都需要重点复习，在学习时可以构建思维导图，以方便理解和记忆。MA 管理会计和 FA 财务会计比较偏重于计算，其中 MA 是 PM 业绩管理和 APM 的基础，FA 是 FR 财务报告和 SBR 的基础。MA 主要内容是管理会计、成本会计、预算和标准成本以及业绩衡量等，绝大多数同学在掌握了几种计算题题型的做法再进行适当的记忆后就可以顺利通过这门科目。FA 对在学校没有学过基础会计学的同学们来说学习起来可能会比较吃力，我觉得主要是对复式记账法的理解与应用，这是一个重点，也是一个难点。大家在刚开始学习时即使不是特别懂也不用担心，这并不影响你通过这门考试，在 ACCA 的后续学习中将会加深大家对会计原理的掌握，做到得心应手。LW 公司法与商法，这门课中主要学习基本的法律框架和经营相关的某些领域的具体法律法规，这一门和 AB 一样，侧重于背诵，像这样的科目我认为可以集中一段时间学习然后去参加考试，而且应该在记忆的基础上多刷题。而 MA 和 FA 这两门课中计算题所占的比重很大，而它们计算题型几乎是固定的，所以题的数量不是关键，而是要把每一种计算题都熟练掌握。这四门考试的时长均为两小时，ACCA 官方并不安排统一考试，大家学习之后可以随时到 ACCA 认定的机考中心自行考试。这四门课都是选择题，通过率较其他科目高，而且一般来说两个小时的考试时间是足够的。大家在考试前要把练习册多做几遍，ACCA 的考试都是 50 分通过，大家可以多做几套模拟题然后自己评分，再把错题标注出来考试前看一遍，完成之后就可以预约考试了。总体上来说，这四门课的难度不大，但作为基础课程，前文也提到了每一门课程与后面科目的关系，所以还是要好好学习的，争取高分通过，为以后打下基础。

再来谈一下后面五门（PM、TX、FR、AA、FM）课程的内容。PM 业绩管理和 TX 税务这两门是既需要计算又需要背诵的，知识点也比较多，这两门我都是面授学习的，要跟紧老师的进度，认真记笔记，掌握计算方法，自己学会归纳总结。在 PM 这门课程中，我们需要知道如何运用管理会计技巧，为管理层提供用作计划、决策、业绩衡量和控制的数据和文字信息，PM 出题的角度并不固定，所以通过率较低，但归根结底还是考查对知识的掌握情况。我认为应该多刷 PM 历年真题，刚开始可能找不到思路，可以先跟着答案走，后面应该训练自己答题的技巧，不看答案，自己像在考场一样把自己的想法写出来，然后一点一点对照答案，学习考官文章里面的答题思路和语言表达。最后再回头看一遍历年真题，有时间可以做第二遍，没时间的话把每一道题答题的点重温一遍，再去参加考试。其次，大家应该同时对 PM 的选择题给予关注，如果选择题得分高也同样可以顺利通过考试。TX 税务的知识点很细而且很多，这是一门需要格外谨慎的科目，因为可能一丝的疏忽就会导致最终结果的不正确。TX 的大纲每一年都会变，所以学过 TX 这门课之后要赶紧参加考试，否则大纲一变可能就得重新学一遍了，不过这一门课对打字速度较慢的同学比较友好，需要打字的内容并不多。FR 承接前面的 FA 课程，在这一阶段大家应该学会如何运用会计准则和概念框架编制财务报表，分析并解读财务报表。后面的大题比较固定，应该准确掌握会计准则，多做历年真题，如果 FR 大题做得挺好一般都会通过考试。我认为每个题型应至少做 3 道题，其中商誉的计算题所占分值很高，把每个题型的经典题目彻底搞清楚，最后一定要自己做上一遍，考试的时候大题的方向出得比较偏，但知识点还是平时学习和练习的，所以一定要扎实掌握。很多同学因为没有审计经验而认为AA很难，AA的通过率也一直不高。AA审计与认证业务是一门偏向于记忆的科目，首先要把审计流程整理清楚，然后你就会发现AA的学习很有逻辑性，并没有想象中的那么难。AA虽然侧重记忆，但在理解的基础上记忆会比较轻松，让自己站在审计人员的角度，想一下自己应该考虑什么方面、哪些方面风险较大等。另外，在考试的时候要多使用AA的专业词汇，对于这些专业词汇要重点记忆，考试的时候多用这些词汇可提升自己的专业性。此外，由于AA需要答的内容较多，平时应该注意自己的打字速度。FM分成四个部分，条理比较清楚，绝大部分都是计算，尤其是NPV的计算，我记得当时老师说这道题就是你能不能通过考试的关键，所以对NPV计算大题中常见的考点要烂熟于心。

总结后面5门，我认为首先不能存在侥幸心理，每一个知识点都是重点，每一个知识点都要复习到，要善于归纳总结，历年真题很重要，要善于从历年真题中发现命题的规律。与前4门答题时间相比，后面5门考试很多同学都答不完题，一方面是答题速度需要提升，后面科目的确有的部分有些难度，考试的时候遇到不会的题先往下做，等到答完其他内容的时候再回头看，一定不要在一道题上耗费太长时间；另一方面前面4门不需要打字，而后面几门对打字速度还是有一定要求的，尤其是针对AA这样一门几乎纯文字性的科目，所以大家在平时一定要注重提升自己的打字速度。另外，在考试前把这一门课程的重点和难点复习一遍我觉得是很有效果的，如果有考前直播的视频的话，大家一定要看，我觉得用处还蛮大的，老师会把知识点都过一遍，讲一下重点和最后如何冲刺，对通过考试很有帮助。如果没有考前直播，大家可以翻开教材目录，把每一章的内容自己列出来，再往下细分。

我的考试顺序是AB会计师与企业、MA管理会计、FA财务会计、LW公司法与商法、PM业绩管理、FR财务报告、AA审计与认证业务、FM财务管理、TX税务，我认为这样搭配还是比较合理的，前三门一定要先考才能有以后考试的资格(免考除外，但免考可以不考试，学还一定要学)，AB让大家对ACCA这门课程到底要学什么有一个基本概念，MA和FA让大家学习到管理会计和财务会计的相关知识，这三门课应该是大家新入门ACCA应该学习的，而且这三门课中没有明确的先后顺序。LW公司法与商法与其余科目关联不大，可以放在任何阶段来学习。由于这四门课考试没有明确的时间，可供选择的考试时间有很多，建议大家抓紧时间把这四门课程考过。后面的5门则是有考季的，在每年的3月、6月、9月和12月定时考试。很多人都选择将PM业绩管理和FR财务报告一起考，因为这两门课程正好是MA和FA的延伸，AA审计与认证业务需要的时间比较多，而FM财务管理相对来说比较简单，所以我将这两门一起考，TX也比较独立，但应该注意考纲的变化情况。大家可以根据自己的喜好进行选择。ACCA规定每个考季最多能够报考4门考试科目，虽然有很多优秀的应试者一次过了4门，但我比较习惯一次报考2门，如果能够保证每次都通过的话，只需要2个考季就能通过4门考试，最后一个考季只需要考1门就可以了。当然到底一次报几门还是要看实际情况的，大家应该合理安排。

学习ACCA绝对不是一件轻松的事情，希望我们都不要忘记学习ACCA的初心，即使失败了也不气馁，坚持下去，我们一定能收获很多！